„Verstehst du, was du liest?"

Grundzüge einer biblischen Hermeneutik

David Ewert

Der Puls Verlag arbeitet eng mit dem Bibelseminar Bonn (BSB) und dem Internationalen Centrum für Weltmission (ICW) zusammen. Das BSB ist eine 1993 vom BTG e.V. in Bonn gegründete theologische Ausbildungsstätte. Es steht in der Tradition baptistischer und mennonitischer evangelischer Freikirchen und weiß sich mit der weltweiten evangelikalen Bewegung verbunden. An ihm empfangen mehr als 200 junge Christen eine bibelorientierte theologische Ausbildung in einer Tages-, Abend- und Fernschule, die sie auf eine ehren- und hauptamtliche Mitarbeit in der christlichen Gemeinde vorbereiten soll.

Das 1995 gegründete ICW unterstützt über 150 Missionare in Brasilien, Malawi, Russland und der Ukraine. Sie arbeiten in den Bereichen Evangelisation, Gemeindegründung und theologische Ausbildung. In Brasilien unterhält das ICW eine Kindertagesstätte und eine Berufsschule, um chancenlosen Kindern eine Lebensperspektive zu eröffnen. Die humanitäre Arbeit umfasst weiterhin medizinische Hilfe sowie die Versorgung mit Kleidung.

Wenn Sie nähere Informationen über das BSB und ICW wünschen oder diese Arbeiten unterstützen möchten, wenden Sie sich bitte an:

Bibelseminar Bonn e.V.

Haus Wittgenstein, Ehrental 2-4, 53332 Bornheim/Bonn

Tel. 0 22 22/701-200, Fax 0 22 22/701-111
email: ICWBSB@aol.com

Bankverbindung
Sparkasse Bonn, BLZ: 380 500 00, Konto: 333 159 87

Internationales Centrum für Weltmission e.V.

Haus Wittgenstein, Ehrental 2-4, 53332 Bornheim/Bonn

Tel. 0 22 22/701-0, Fax 0 22 22/701-111
email: ICWBSB@aol.com

Bankverbindung
Sparkasse Bonn, BLZ: 380 500 00, Konto: 333 162 58

„Verstehst du, was du liest?"

Grundzüge einer biblischen Hermeneutik

David Ewert

PULS
VERLAG

1. Auflage 1998

Titelbild: Aquarell Hannelore Clemenz-Rau, Rosbach
Umschlag: Michael Wenserit, Asslar
Satz: Enns Schrift & Bild GmbH, Bielefeld
Druck: Minolta Druck, Bonn
ISBN 3-933398-03-7

Vorwort

Das vorliegende Buch stammt aus der Feder eines kanadischen Autors. Dr.David Ewert war viele Jahre Professor für Neues Testament an verschiedenen nordamerikanischen theologischen Seminaren. Da er deutsche Vorfahren hat, beherrscht er die deutsche Sprache noch so gut, dass er immer wieder Artikel und Bücher in Deutsch schreibt. Auch das vorliegende Buch ist vom Autor in deutscher Sprache verfasst worden; der herausgebende Verlag hat es nur geringfügig überarbeitet.

Obwohl alle evangelischen Christen dasselbe Glaubensdokument haben, die Bibel, streiten sie sich darüber, ob die Kinder- oder die Erwachsenentaufe biblisch ist, ob eine Frau predigen darf oder nicht, ob die Entrückung vor der Großen Trübsal oder danach sein wird. Woran das liegt? An der Hermeneutik. David Ewert entfaltet im vorliegenden Buch die Grundsätze einer biblischen Hermeneutik. Er legt dar, welche Prinzipien bei der Auslegung der Bibel zu beachten sind, damit die Heilige Schrift sachgemäß ausgelegt wird. Dabei verfolgt er das Ziel, dass der Leser die Bibel nicht nur besser versteht, sondern auch in seinem Leben anwendet.

Der Verlag

Einleitung

Mit dem Psalmisten bekennt die Gemeinde Jesu Christi: „Dein Wort ist meines Fußes Leuchte und ein Licht auf meinem Weg" (Ps 119,106). Ohne das geschriebene Wort Gottes, welches wir in den Schriften des Alten und des Neuen Testaments haben, wären wir über Gottes Heilspläne im Dunkeln geblieben. Gott aber, in seiner große Gnade, berief und befähigte Propheten und Apostel durch seinen Geist, in den heiligen Schriften Zeugnis von den Offenbarungen Gottes abzulegen.

Ein paar tausend Jahre lang hat Gottes Volk aus diesen Schriften geistliche Nahrung für sein Leben gezogen. Aber nicht immer hat man die Bibel richtig gelesen. Verschieden haben Bibelleser über Gott, Jesus Christus, und den Heiligen Geist gedacht. Auch was die biblischen Schreiber über die Rettung des Menschen, die Gemeinde Jesu Christi, das christliche Leben, und die lebendige Hoffnung der Gläubigen zu sagen haben, hat man nicht immer richtig verstanden. Oft haben gutmeinende Bibelleser sich sogar recht heftig über die Erklärung gewisser Schriftabschnitte und über das Verständnis von gewissen biblischen Lehren gestritten.

Vieles, was in der Heiligen Schrift zu finden ist, wird uns erst in der Ewigkeit klar werden; als Nachfolger Jesu bleibt es jedoch unser ernstes Bemühen, Gottes Wort richtig zu verstehen und praktisch anzuwenden. Und darum geht es in den folgenden Kapiteln.

Das Fachwort für das Bemühen, die Heilige Schrift richtig zu verstehen, ist „Hermeneutik". Auf diesem Gebiet gibt es heute eine reichhaltige Literatur, und es stellt sich die Frage, ob es überhaupt nötig ist, noch einen Versuch zu machen, über dieses Thema etwas zu sagen. Weil ich in einer englisch-sprechenden Welt lebe, bin ich mit der deutschen Literatur weniger bekannt. Aber vielleicht kann gerade ein Nichteuropäer den Gemeinden im deutschsprachigen Raum Anregungen geben, ihr Verständnis für das geschriebene Wort Gottes noch einmal frisch zu durchdenken.

Die biblische Hermeneutik erstreckt sich über ein sehr großes Gebiet, sodass wir uns einschränken müssen. Ich möchte z.B. in diesem Band wenig über die Geschichte der biblischen Hermeneutik sagen. In den folgenden Kapiteln werde ich den Versuch machen, dreizehn Themen, die es mit der Auslegung der Heiligen Schrift zu tun haben, in aller Kürze zu besprechen.

Der Anstoss, dieses Buch zu schreiben, kam durch die Einladung vom Bibelseminar Bonn, als Gastlehrer über das Thema „Hermeneutik“ Vorträge zu geben. Ich möchte daher dem Leiter der Schule, Heinrich Löwen, und seinen Kollegen herzlich danken, dass sie sich die Mühe gemacht haben, dieses Buch in Druck zu geben.

Der Schreiber bekennt mit Paulus, dass unsere Erkenntnis nur Stückwerk ist (1Kor 13,12), aber „des Herrn Wort bleibt in Ewigkeit“ (1Petr 1,25).

Professor David Ewert
Emeritus, Concord College, Canada

Inhaltsverzeichnis

1

Vorbesprechungen und Vorverständnisse

Gott hat sich in seiner unermesslichen Gnade einer gefallenen Menschheit offenbart. Zunächst wählte er sich prophetisch begabte Personen, die von Zeit zu Zeit dem alten Volk Gottes, Israel, den Weg zeigten. Und als die Zeit erfüllt war, redete er zu uns durch seinen Sohn, Jesus Christus (Heb 1,1-2). Er rüstete nicht nur Propheten und Apostel aus, sein Wort zu verkündigen, sondern er bewog auch einige unter ihnen, die Botschaften niederzuschreiben oder zu diktieren.

Die Schriftpropheten im alten Israel schrieben Gottes Botschaften an sein Volk in hebräischer und aramäischer Sprache nieder. Die Apostel haben uns die christlichen Schriften in griechischer Sprache hinterlassen. Schreibmaterial war schon lange vor der Zeit Moses vorhanden. Durch viele Jahrhunderte gab es auch immer wieder Personen, die willig waren, diese Heiligen Schriften abzuschreiben, sodass Gottes Wort in Handschriften von einer Generation zur anderen übermittelt wurde. Es gab nicht nur willige Abschreiber, die sich bemühten, die Urkunden sorgfältig abzuschreiben, sondern es fanden sich auch immer wieder Übersetzer, die kompetent waren, Gottes Wort denen zukommen zu lassen, die nicht hebräisch oder griechisch lasen. Für diese mühselige Arbeit vieler Tausende von Abschreibern und Übersetzern sollten wir ewig dankbar sein.

Bibelleser in der ganzen Welt können heute Gottes Wort in ihrer Muttersprache lesen. Die Möglichkeit und die Fähigkeit, die Heilige Schrift zu lesen, garantiert aber noch nicht, dass man sie verstanden hat. „Verstehst du auch, was du liest?“, war die Frage, die der Evangelist Philippus einst dem Reisenden aus Äthiopien stellte (Apg 8,30). Hermeneutik hat es grundsätzlich mit dieser so wichtigen Frage zu tun.

1.1 Was ist Hermeneutik?

Der Kämmerer aus dem „Mohrenland“ war gottesfürchtig. Er kam nach Jerusalem und trat dann den langen Weg nach Hause an. Er saß auf dem Wagen und las den Propheten Jesaja. Es war damals

Sitte, auch laut zu lesen; das stille Lesen kam später. Philippus, geleitet vom Geist Gottes, näherte sich dem Wagen und hörte, was der Kämmerer las. Er wollte ihm gerne das Evangelium verkündigen und knüpfte daher ein Gespräch mit ihm an. Er fragt ihn, ob er das, was er liest, versteht. Jedenfalls hat Philippus die Frage im richtigen Ton gestellt, ansonsten könnte sie recht beleidigend wirken. Stellen wir uns vor: Wir lesen ein Buch oder eine Zeitschrift, und ein Fremder kommt an uns vorbei und fragt uns, ob wir verstehen, was wir lesen! Der Reisende jedoch scheint nicht beleidigt zu sein, sondern bittet Philippus, sich zu ihm auf den Wagen zu setzen und ihn in den Sinn des prophetischen Wortes einzuführen. Und das ist Hermeneutik.

Das Lesen einer Schrift ist immer komplizierter als an einer Unterhaltung teilzunehmen. Bei einer Unterhaltung hören wir den Ton der geredeten Worte, wir beobachten die Gesichtszüge des Redners, wir achten auf die Handbewegungen und dergleichen. Beim Lesen jedoch haben wir nur das geschriebene Wort. Und wenn dieses Wort noch obendrein vor einigen tausend Jahren niedergeschrieben worden ist, dann haben wir schon Grund zu fragen: „Verstehst du auch, was du liest?“ Das Suchen nach dem rechten Sinn der heiligen Schriften nennt man Hermeneutik.

Das griechische Wort *hermeneuo* bedeutet ‚dolmetschen, übersetzen, erklären, auslegen, interpretieren‘. Das Substantiv *hermeneia* hat denselben Sinn. Wenn man dieses auf die Person bezieht, spricht man von einem ‚Ausleger, Übersetzer‘ (*hermeneutes*). *He hermeneutike techne* ist ‚die Kunst einen Text zu erklären, auszulegen, zu übersetzen‘. Ursprünglich kommt das Wort ‚Hermeneutik‘ von dem Namen des griechischen Gottes „Hermes“, der als Dolmetscher oder Übermittler der göttlichen Botschaften bekannt war.

Als Paulus und Barnabas auf der ersten Missionsreise nach Lystra kamen, meinten die Einwohner der Stadt, die Götter wären zu ihnen gekommen. Und sie nannten Barnabas „Zeus“ (die Römer nannten ihn ‚Jupiter‘) und Paulus nannten sie „Hermes“ (bei den Römern als ‚Merkurius‘ bekannt). Warum nannten sie Paulus „Hermes“? Weil er das Wort führte. In der griechischen Mythologie war Hermes der Sohn des Zeus – sein Botschafter, sein Herold.

Hermeneutik ist also ursprünglich nicht ein christliches oder theologisches Wort, sondern wird allgemein für die Auslegung irgendeiner Schrift gebraucht. Doch das Wort *hermeneuo* (wie auch *hermeneia* und *hermeneutes*) ist in der Heiligen Schrift zu finden. In der Septuaginta (LXX), der griechischen Übersetzung des Alten Testaments, kommt es nur selten vor. Von Joseph heißt es z.B., dass er mit seinen Brüdern durch einen Dolmetscher (*hermeneutes*) sprach (1.Mose 42,23). Andere Stellen sind Hiob 42,17b und Esra 4,7.

Im Neuen Testament erscheint das doppelte Zeitwort *dihermeneuo* in Lukas 24,27, wo Jesus den Emmausjüngern das Alte Testament auslegt. (Siehe auch 1Kor 12,30; 14,5.13.27). *Hermeneia* heißt auch die Geistesgabe, die den Gläubigen befähigt auszulegen, was der Zungenredner sagt (1Kor 12,10; 14,26). Auch wird das Zeitwort für das Übersetzen aus einer in die andere Sprache gebraucht. Laut Johannes 1,38 heißt es: „Rabbi – das ist verdolmetscht (*methermeneuo*): Meister –, wo bist du zur Herberge?" Andreas sagt seinem Bruder Simon: „Wir haben den Messias gefunden, das ist verdolmetscht (*methermeneuo*): der Gesalbte" (Joh 1,41).

Im Allgemeinen haben wir es also bei der Hermeneutik mit der Art, der Kunst, der Gabe, der Praxis der Auslegung, Übersetzung oder Erklärung irgendeiner Schrift zu tun. Bei der biblischen Hermeneutik geht es natürlich um die Auslegung der Heiligen Schriften des Alten und Neuen Testaments.

Ob nun ein Bibelleser mit dem Wort Hermeneutik vertraut ist oder nicht, ob er etwas von der Geschichte der Auslegung der Bibel weiß oder nicht ein jeder, der Gottes Wort liest und aus demselben Lehren für sein Leben schöpfen will, ist ein „Hermeneut", ein Ausleger. Wenn jemand einen Abschnitt aus der Bibel liest und sich die Frage stellt: was will der Prophet oder der Apostel eigentlich sagen, dann tritt er in das Gebiet der Hermeneutik ein.

Übrigens gehen die Ausleger der Heiligen Schrift in dem Gebrauch des Wortes „Hermeneutik" mitunter auseinander. Einige möchten das Wort „Exegese" für die **Erklärung**, die **Auslegung** des Textes brauchen, und das Wort „Hermeneutik" auf die **Anwendung** des Textes auf die Gegenwart beschränken. In dem Fall hätte die Exegese eines neutestamentlichen Buches mit dem ersten Jahrhundert zu tun, und die Hermeneutik mit dem zwanzigsten. Aber ich will das Wort Hermeneutik nicht in der Weise einschränken, sondern es für beides: für die Auslegung des biblischen Textes, wie auch für die Anwendung, gebrauchen.

Damit haben wir eigentlich schon die zwei Hauptfragen der biblischen Hermeneutik gestellt: (1) Was bedeutete der Text für die ursprünglichen Leser? (2) Was bedeutet dieser Text für uns heute? Diese zwei Fragen stellt sich ein Bibelleser unwillkürlich, wenn er die Heilige Schrift liest, ob in bewusster oder unbewusster Weise.

Zwischen diesem doppelten Anliegen gilt es das Gleichgewicht zu behalten. Wer sich nur mit der Erklärung des Textes beschäftigt, steht in Gefahr, den Text zu einem toten Buchstaben zu machen. Wenn man nur die eine Frage versucht zu beantworten: Was sagte der Text den ursprünglichen Lesern? hat man nur die halbe Arbeit eines Bibelforschers getan. Man muss auch noch fragen: Was sagt uns dieser Text heute? Nur auf diesem Wege bleibt die Heilige Schrift lebendiges Wort. Natürlich, man kann auch bei der zweiten Frage über Bord gehen, wenn man nur wissen will: Wie kann ich diese Worte praktisch anwenden. Ohne zu fragen, was eigentlich der Sinn des Textes ist, öffnet man der Willkür und der Oberflächlichkeit die Tür.

Man dürfte nach fast zweitausend Jahren langer Schriftforschung meinen, dass die meisten hermeneutischen Probleme der Bibel gelöst wären. Doch leider ist das nicht der Fall. Und wenn man bedenkt, dass die Hermeneutik der biblischen Wahrheiten das aktuelle Leben des Bibellesers prägt, dann muss jede Generation darum bemüht sein zu hören, was Gott zu ihr zu sagen hat. Damit ist aber nicht gesagt, dass wir nicht viel aus der Geschichte der Hermeneutik lernen können. Weil nun aber die meisten schrifterklärenden Bücher immer wieder einen geschichtlichen Überblick über die Hermeneutik bieten, wollen wir darauf verzichten. Und doch werden wir ab und zu einen Blick in die Vergangenheit werfen müssen.

Gerade auf dem Gebiet der Hermeneutik gibt es heute in christlichen Kreisen scharfe Auseinandersetzungen. Ich kenne Gemeinden, in denen man die Bibelstunden, wo alle Teilnehmer mitsprechen dürfen, hat wegfallen lassen müssen, weil sie immer im Streit endeten. Es gibt kaum ein biblischen Thema, bei welchem alle Bibelleser völlig übereinstimmen. Ob es die Lehre von Gott ist oder von Jesus Christus; ob es die Lehre vom Heiligen Geist oder vom Menschen ist; ob es die Lehre von der Gemeinde oder die der Eschatologie ist, – auf all diesen Gebieten gibt es Streitfragen. Daher müssen wir uns immer wieder prüfen, ob wir die Bibel richtig gelesen haben.

Wenn man bedenkt, dass zwei Personen denselben Absatz in einer Tageszeitung lesen können und diesen verschieden verstehen, dann sollte es uns nicht wundern, wenn wir Schriften, die tausende Jahre alt sind, nicht immer gleich verstehen. Meine Frau und ich lesen mitunter denselben Brief von einem unserer Kinder, und doch verstehen wir ihn nicht gleich. Dann heißt es, diesen Brief erneut zu lesen.

Obendrein haben wir es in der Bibel mit Schriften zu tun, die ursprünglich in anderen Sprachen geschrieben wurden als die unserige. Auch gingen die heiligen Schriften aus ganz anderen kulturellen Verhältnissen hervor als die, in welchen wir uns heute befinden. Die Hermeneutik hat also die Aufgabe, den chronologischen, sprachlichen und kulturellen Abstand zwischen der alten Welt des Orients und der modernen Welt zu überbrücken. Da gilt es auf Johann Bengel's Schlagwort zu achten: „Wende dich ganz dem Texte zu (d.h. Exegese, Erklärung, Auslegung); und wende den Text ganz auf dich an" (d.h. auf das heutige Leben übertragen).

Auch müsste noch darauf hingewiesen werden, dass wir uns auf die protestantische Hermeneutik beschränken wollen. Im Katholizismus hat man einen erweiterten Kanon, denn durch das Konzil von Trient wurden die sogenannte Apokryphen zum biblischen Kanon erhoben. Darin teilen sich die Meinungen protestantischer und katholischer Bibelleser. Wenn die Apokryphen und andere jüdischen Schriften auch viel Wertvolles und Lehrreiches zu bieten haben, wollen wir doch die Grenzen des hebräischen Kanons beachten, wie auch die des Neuen Testaments.

1.2 Vorverständnisse

Ein jeder, der die Bibel liest, liest sie durch seine eigene Brille. Leider haben unsere Brillengläser nicht alle dieselbe Farbe, und genauso sehen wir auch oft das geschriebene Wort in unserem Verständnis unterschiedlich. Wir treten an den Text von recht verschiedenen Blickwinkeln heran. Wir kommen mit verschiedenen Lebenserfahrungen, haben verschiedene Fragen und verschiedene Bedürfnisse; ein Kind liest die Bibel anders als ein Greis; und in schlechten Tagen lesen wir die Bibel auch anders, als wenn es uns gut geht.

Einige Bücher der Heiligen Schrift lassen klar hervorleuchten, was ihre Veranlassung war, und welche Lebensfragen sie ansprechen. Wenn der Leser heute in einer ähnlichen Lage ist wie die ursprünglichen Leser, kann er die Sprache des Buches auch besser verstehen. Da wo eine Situationsverbundenheit zu finden ist, kann man sich leichter in den Text hineinfühlen. In anderen Worten, wenn sich der Leser heute in einer ähnlichen Lage befindet wie die ursprünglichen Leser, versteht er die Botschaft dieses alten Buches leichter.

Wir müssen beim Lesen der Bibel darauf achten, dass wir nicht versuchen, sie nach unserem eigenen Bild zu formen. Der Kirchenvater Origenes erklärte die Bibel zum Teil im Licht der griechischen Philosophie. Die Tübinger Schule von F.C. Baur las das Neue Testament, wie es scheint, zum Teil im Licht der Philosophie Hegels: These (jüdisches Christentum), Antithese (hellenistisches Christentum), Synthese (katholisches Christentum).

Immer wieder finden wir, dass Voraussetzungen und sogar Vorurteile die Auslegung des biblischen Textes bestimmen wollen. In protestantischen Kreisen kann man z.B. Matthäus 16,18 kaum im natürlichen Sinn des Wortes lesen: „Du bist Petrus und auf diesen Felsen will ich bauen meine Gemeinde.“ So beflissen ist man, sich vom römischen Katholizismus zu distanzieren, dass man auf verschiedenen Wegen versucht, dieses Wort Jesu abzuschwächen.

Um die Jahrhundertwende schrieb Albert Schweitzer das Buch: *Von Reimarus bis Wrede*. In diesem Werk besprach er eine Unmenge von Schriften über das Leben Jesu. Seine Forschung führte ihn zu dem Schluss, dass die vielen Bücher über das Leben Jesu in der Regel die Umwelt des Autoren widerspiegeln. Schweitzer schließt sein Buch mit dem Bild eines Mannes, der in einen tiefen Brunnen schaut und unten im Wasser ein Gesicht sieht. Er entschließt sich dieses Bild zu malen, und weiß aber nicht, dass er sein eigenes Bild malt. Diese Tendenz kann man sogar an den Überschriften solcher Bücher erkennen. Einmal wird Jesus als Kinderfreund bezeichnet, ein anderes Mal als Naturfreund, dann als jüdischer Prophet, ein anderes Mal als deutscher Universitätsprofessor. In den sechziger Jahren erschienen immer wieder Schriften, die Jesus als Revolutionär darstellten – das passte in die Zeit. Man hat ihn als Asket, Herrscher, Ehrenmann, komische Figur, Superstar, Kapitalist und Sozialist dargestellt. In der Regel spiegelte sich in diesen Zeichnungen das Bild des Autors selbst. Schon Luther warnte davor, das Evangelium wie eine Wachsnase zu behandeln, welche man formen kann wie sie dem Einzelnen gefällt.

Jehovah's Zeugen zitieren auch passende Schriftworte, die ihre Lehren unterstützen, und schmieden manchmal Ketten von Schriftworten zusammen, die schwer zu zerreißen sind. Wenn heute in einigen Kreisen gelehrt wird, dass wenn man das Heil in Christus richtig erfasst, man nicht mehr krank zu sein brauche, findet man in 3. Johannes 2 biblischen Grund dafür: „Mein Lieber ich wünsche, dass dir's in allen Dingen wohlgehe und du gesund seist, so wie es deiner Seele wohlgeht.“ Aber verspricht dieser Text wirklich allen Gläubigen leibliche Gesundheit? Oral Roberts schrieb ein Buch mit der Überschrift: *How I learned Jesus Was Not Poor*

(Wie ich lernte, dass Jesus nicht arm war). „Lies dieses Buch", so sagt er, „und du wirst nie wieder arm sein". Wahrscheinlich hat er Matthäus 8,20 übersehen: „Der Menschensohn hat nicht, wo er sein Haupt hinlegen kann."

Als ich vor Jahren auf einer theologischen Hochschule war, machten wir ein gründliches Studium des Hebräerbriefes. Der Professor hatte seine Doktorarbeit über dieses Buch geschrieben und schloss uns manch herrliche Wahrheit auf. Jedoch fand sich unter den Studenten ständig Widerstand. Der Hebräerbrief hat recht viele Warnungen vor dem Abfall; und die Studenten, die streng kalvinistisch erzogen waren, vertraten die Lehre der ewigen Sicherheit. Für sie gab es demzufolge also eigentlich gar keinen Abfall. Demnach müssten die Leser des Hebräerbriefes also nicht wahre Christen gewesen sein. Doch der Professor musste ihnen immer wieder sagen: Könnt ihr nicht lesen, was der Text sagt? Euer Problem ist nicht der Hebräerbrief, sondern eure Dogmatik.

Mitunter nimmt man einen Bibelvers und gebraucht ihn dann als Voraussetzung für die Erklärung anderer Texte. Das ist eine Art von Vorverständnis. Wenn heute z.B. über den Dienst der Frau in der Gemeinde diskutiert wird und jemand mit Galater 3,28 anfängt, dann weiß man in der Regel schon, wie er andere Schriftteile erklären wird: „Hier ist nicht Jude noch Grieche, nicht Sklave noch Freier, nicht Mann noch Frau." Dagegen, wenn jemand mit 1. Timotheus 2,12 beginnt: „Einer Frau gestatte ich nicht, dass sie lehre, auch nicht, dass sie sich über den Mann erhebe, sondern sie sei stille," dann weiß man auch schon, wie der Schluss sein wird. Man soll also nicht zunächst seine Theologie von einem Vers bestimmen lassen, und dann alle anderen in dem Licht interpretieren. Dieses tut man aber oft ganz unbewusst, denn unsere Vorverständnisse sind in der Regel recht verborgen.

Wer die Homosexualität gut heißt und dennoch ein guter Christ sein will, steht in Versuchung, die biblischen Texte, die von diesem Übel sprechen, vom Standpunkt seiner eigenen Überzeugung zu interpretieren. Die Sünde Sodoms ist dann in diesem Falle ausschließlich ein Verstoß gegen das Gastrecht, welches damals heilig war. Und wenn Paulus von dem unnatürlichen Umgang mit dem anderen Geschlecht spricht, pflichtet man ihm bei, denn (so sagt man) er will ja nur das, was „natürlich" ist.

Im Dispensationalismus wurde gelehrt, dass uns die Bergpredigt nicht gilt, denn in ihr haben wir die Ordnungen für das Reich Gottes. Dieses Reich sollte ein israelitisches Reich sein. Weil aber

Israel den Messias verwarf, gelten uns die Regeln der Bergpredigt nicht. Wenn Gott in der Zukunft noch einmal Israel wiederherstellen wird und das tausendjährige Reich gründet, dann wird die Bergpredigt Gültigkeit haben (so lehrte Scofield, der die Lehre von John Darby übernommen hatte). Auch die Gleichnisse Jesu gelten uns dann nicht, denn sie sind ja auch Gleichnisse, die das Reich Gottes darstellen. Mit solchen Voraussetzungen werden uns die wunderbaren Wahrheiten der Gleichnisse genommen.

Um die Jahrhundertwende war der Postmillennialismus in Nordamerika die populärste Ansicht über das tausendjährige Reich. Nach dieser Auffassung sollte noch vor dem Kommen des Herrn ein goldenes Zeitalter in dieser Welt anbrechen. Diese Ansicht ist aber schwer aus dem Abschnitt in Offenbarung 20, der von diesem kommenden Reich spricht, herauszulesen. Warum neigte man denn zu solcher optimistischen Geschichtsschau? Weil das 19. Jahrhundert ‚das große Missionsjahrhundert‘ war. Tausende Missionare verbreiteten in der ganzen Welt das Christentum. Im Jahr 1910 versammelten sich die Leiter der verschiedenen Missionsgesellschaften in Schottland, um Pläne für die Evangelisierung der ganzen Welt zu schmieden. Das goldene Zeitalter, das Millennium, war im Anbruch. Aber dann kam der Erste Weltkrieg, bald darauf der Zweite, und das 20. Jahrhundert, welches wie ein sonniger Morgen begann, wurde zu einem Alptraum. Und damit verlor auch der Postmillennialismus seine Anziehungskraft. Man hatte sich in dem Verständnis dieser Lehre zu sehr von politischen, sozialen und religiösen Umständen bestimmen lassen (ohne, dass man es wusste).

Jürgen Moltmann, der bekannte Theologe der Hoffnung, schrieb vor Jahren im *Evangelischen Missionsmagazin* (118, S.1015): „Weil ich kein Engel bin, sondern ein Mensch, sind meine Perspektiven sehr begrenzt und bedingt. Sie sind europäisch und protestantisch, westlich und mittelständig, stammen aus dem 20. Jahrhundert – sind endlich durch persönliche Erfahrungen und private Grenzen bestimmt.“ Reinhart Weber kritisiert den Gnadauer Verband, der folgendes zur theologischen Grundlage hat: „Anerkennung der ganzen Heiligen Schrift als alleinigen und verbindlichen Maßstab für Glauben und Leben *im Sinne der reformatorischen Bekenntnisse.*“ Ich haben die Schlussworte unterstrichen, denn mit dem Anhang, so sagt Weber, hat man die Heilige Schrift an die Kette der Aufsätze der Ältesten gebunden, denn das schließt dann auch die Säuglingstaufe ein, die Weber im Neuen Testament nicht finden kann.

Persönlich gehen wir oft auf Abwegen, indem wir uns Lieblingstexte aus der Heiligen Schrift suchen, die unsere Ansichten unterstützen. Ein Gemeindeleiter, der seine Autorität betonten will, zitiert gerne Hebräer 13,17: „Gehorcht euren Lehrern", aber er übersieht leicht 1. Petrus 5,3: „... nicht als die, die über die Gemeinde herrschen". Reiche Bibelleser übersehen oft, was Jesus und die Apostel über die Armen gesagt haben; dagegen stehen in der Dritten Welt solche Texte oft im Mittelpunkt der Betrachtungen. Ohne es immer zu wissen, tritt man mit gewissen Voraussetzungen an die Schrift heran.

Was sollen wir aber mit unseren Voraussetzungen machen, besonders wenn uns unsere Vorverständnisse nicht bewusst sind? Nun, vor allen Dingen wollen wir ehrlich bekennen, dass ein jeder von uns Vorverständnisse hat. Und weil wir alle mit Vorverständnissen an die Heilige Schrift herantreten, muss unsere Erkenntnis für die Wahrheiten der Bibel ab und zu überprüft werden. Kommentare, Lexika und andere hilfreiche Literatur können unsere Erkenntnis manchmal in Frage stellen, oder auch bestätigen. Auf keinen Fall dürfen wir unsere eigenen Einblicke in Gottes Wort mit dem Wort Gottes selbst gleichstellen. Gottes Wort lässt sich nicht verändern, unser Verständnis für dasselbe aber ist flexibel. Was dazu beitragen kann, unser Verständnis für gewisse biblische Wahrheiten zu vertiefen, zu erweitern oder zu korrigieren, das ist das gemeinsame Forschen in der Schrift. Was uns so ganz selbstverständlich erscheint, will dem anderen Bibelleser manchmal gar nicht einleuchten.

Unser Denken wird von unseren Lebenserfahrungen und Entscheidungen sowie von unserer Weltanschauung stark beeinflusst. Unser Denken ist eine wunderbare Rechtfertigungsmaschine. Wenn jemand behaupten sollte, dass er ganz objektiv, ohne Voraussetzungen, die Bibel liest, wäre das ungefähr so wie wenn er behaupten wolle: „Es gibt kein Wetter". So wie es keinen Tag ohne Wetter gibt (Sonnenschein oder Regen, Kälte oder Wärme), so hat auch jeder Bibelleser Vorverständnisse, ob formuliert oder implizit. Meistens sind sie verborgen und mancher wäre verblüfft, wenn man ihm zeigen würde, in welcher ideologischen Ahnenreihe er steht. Es gehört zur ständigen Aufgabe des christlichen Denkens, die unbedachten Denkvoraussetzungen, die uns von unseren Lebensverhältnissen mitgegeben wurden, kritisch zu prüfen.

Auf welche Weise die Kultur, in der wir zu Hause sind, unsere Vorverständnisse beeinflusst, kam bei einer Zusammenkunft von afrikanischen und ausländischen Missionaren klar zum Vorschein. Auf dieser Konferenz wurden die Josephgeschichten zur Erbauung vorgelesen. Zum Schluss wurde die Frage gestellt: Was ist die Hauptlehre, die wir aus dieser Geschichte mitnehmen können? Die Missionare aus dem Ausland waren allgemein der Ansicht, dass die Josephgeschichten uns lehrten, in allen Lagen des Lebens unserem Gott treu zu bleiben. Die Afrikaner aber dachten anders. Für sie war die Hauptlehre dieser Geschichten: Auch wenn man weit weg von zu Hause ist, soll man seine Familie nie vergessen.

Zu der Frage der Vorverständnisse drücken Fee und Lewis sich so aus: „Wir bringen unweigerlich all das, was wir sind, zum Text hin – unsere Erfahrungen, unsere Kultur und unser Vorverständnis für bestimmte Ausdrücke oder Gedanken. Manchmal führt uns das, was wir von uns aus mitbringen, in die Irre – ganz sicher nicht gewollt und bewusst –, oder es lässt uns irgendwie alle möglichen Gedanken in den Text hineinlegen, die nicht hinein gehören“ (*effektives Bibelstudium*, S. 15).

2

Voraussetzungen

Wer sich die Mühe macht, Gottes Wort zu verstehen, muss vor allen Dingen lesen können, denn die Bibel ist eine Sammlung von Heiligen Schriften. Um die göttliche Botschaft in den biblischen Schriften jedoch hören zu können, reichen grammatische und sprachliche Kenntnisse nicht aus. Wir brauchen Hilfe von oben; Gott muss unser Denken erleuchten, sonst fällt der göttliche Same, wie im Gleichnis von den vier Äckern, auf den Weg, wo die Vögel ihn aufpicken, und bringt keine Früchte. Durch seinen Geist befähigt Gott seine Kinder, beim Lesen seines Wortes die Wahrheiten zu begreifen und sie in ihrem täglichen Leben zu verwirklichen.

Offenheit für Gott, der uns sein Wort geschenkt hat, und die Fähigkeit, die heiligen Schriften zu lesen, garantieren aber nicht, dass wir die Bibel immer richtig verstehen werden. Wir haben es beim Bibelstudium mit einem einzigartigen Buch zu tun. Die Bibel ist Gottes Heilsgeschichte. Wer dieses nicht beachtet, kann leicht das Ziel verfehlen. Daher gehört dieses elementare Verständnis u.E. zu den Voraussetzungen, mit denen wir an die Erklärung der Heiligen Schrift herantreten müssen.

Auf die Frage: „Welche Voraussetzungen brauchen wir, wenn wir die Bibel richtig verstehen wollen?“, geben wir drei Antworten:

2.1 Wir benötigen literarische Kenntnisse

Weil wir es bei der Bibelforschung mit Literatur zu tun haben, können wir ohne jegliche literarischen Kenntnisse aus der Bibel nicht klug werden. Das Mikroskop, das Teleskop, das Labor, die Reagenzgläser sowie der Computer mögen für die Forschungen auf dem Gebiet der Naturwissenschaften von großem Nutzen sein, aber sie können uns nicht helfen, den Sinn des geschriebenen Wortes Gottes zu finden. Jedes Gebiet in der Forschung fordert seine eigenen Methoden. Und weil die Bibel Literatur ist, müssen wir lesen können.

Die meisten Bibelleser sind nicht mit den Ursprachen der Bibel vertraut und lesen sie daher in einer Übersetzung. Wir brauchen uns darüber nicht große Sorgen zu machen, denn das taten Christen bereits im 1. Jahrhundert. Im Frühchristentum las man das Alte Testament in der griechischen Übersetzung. Und das griechische Neue Testament wurde bald nach dem ersten Jahrhundert ins Syrische und Altlateinische übersetzt. Die westliche Kirche hat die Bibel bis zur Zeit der protestantischen Reformation fasst ausschließlich in lateinischer Sprache gelesen. Die Reformation gab den Anstoss, die Heilige Schrift in den Sprachen des westlichen Europas zu übersetzen. Dadurch verringerte sich auch die Zahl der Analphabeten; jedermann wollte lesen lernen, um die Bibel in seiner Umgangssprache lesen zu können. Die römische Kirche hielt an der lateinischen Vulgata fest und sträubte sich lange gegen Übersetzungen in moderne Sprachen. Man fürchtete sich vor den Folgen, wenn ungelehrte Laien die Bibel lesen sollten. Gott sei Dank, heute sind auch katholische Gelehrte bemüht, den Mitgliedern der römischen Kirche gute Übersetzungen in modernen Sprachen zu vermitteln.

Wer die alten Bibelsprachen kennt, Geschichte studiert hat, etwas von der Altertumskunde weiß, mit der Geographie der Mittelmeerländer bekannt ist, das römische Regierungssystem des 1. Jahrhunderts kennt und mit der rabbinischen Literatur einigermaßen vertraut ist, ist natürlich wesentlich besser zum Bibelstudium ausgerüstet. Und der biblische Glaube steht ja nicht mit der *Schulgelehrsamkeit* auf Kriegsfuß.

Schulgelehrsamkeit als solche ist jedoch nicht eine Bedingung, um die göttliche Botschaft der Bibel erfassen zu können. Aber trotz allem muss man lesen können. Was uns beim Lesen der Bibel helfen kann, ist die Bekanntschaft mit allgemeiner Literatur. Wer z.B. eine Wertschätzung für Poesie hat, wird die reiche Bildersprache der Bibel besser verstehen. Man muss nicht unbedingt nur christliche Schriften lesen, um seinen Wortschatz zu erweitern und dadurch ein besseres Verständnis für den Wortschatz der Bibel zu gewinnen. Gerade durch die Entdeckung der nicht-christlichen Papyrus-Schriften um die Jahrhundertwende wurde uns der Sinn mancher neutestamentlichen Wörter aufgeschlossen.

Literarische Kenntnisse allein garantieren aber nicht dafür, dass wir den biblischen Schreiber richtig verstehen werden, doch ohne geht es eben gar nicht. Und weil wir beim Lesen der Bibel ein vom Geist inspiriertes Buch in Händen halten, bedürfen wir auch einer geistlichen Ausrüstung. Daher fragen wir nach einer zweiten Voraussetzung.

2.2 Wir brauchen Hilfe von oben

Johann Bengel, ein pietistischer Theologe im 18. Jahrhundert, schrieb: „Wenn ich die Heilige Schrift in die Hand nehme, so kann ich sagen: Das ist ein Brief, den mein Gott mir hat schreiben lassen, wonach ich mich ausrichten soll, und wonach er mich richten wird." Also genügen grammatische Kenntnisse nicht, um Gottes Botschaft zu hören. Jesus warf den Schriftgelehrten seiner Zeit vor: „Ihr sucht in der Schrift; denn ihr meint, ihr habt das ewige Leben darin; und sie ist es, die von mir zeugt; und ihr wollt nicht zu mir kommen, dass ihr das Leben hättet" (Joh 5,39-40). Darum gilt es stets zu bitten, dass Gott uns ein sehendes Auge und ein hörendes Ohr geben möchte, wenn wir an die Heilige Schrift herantreten.

Hermann Menge war Philologe; er kannte die alten Bibelsprachen. Jedoch hatte er noch nie das griechische Neue Testament gelesen bis zu dem Zeitpunkt als er vom Lehrdienst am Gymnasium zurücktrat. Im Ruhestand machte er sich daran, nicht nur das Neue Testament, sondern auch das Alte zu übersetzen. Und durch den Umgang mit dem lebendigen Wort Gottes schuf der Herr in ihm ein neues Leben. Das Beherrschen der hebräischen und griechischen Sprache allein erschlossen ihm nicht die Heilsbotschaft der Bibel; Offenheit für Gott und die Wirkung des Heiligen Geistes mussten dazu kommen.

Ähnlich erging es dem Engländer J.B. Phillips, der während des 2. Weltkrieges für eine Jungschar verantwortlich war und das Neue Testament für diese jungen Hörer in die Sprache der Gegenwart zu übersetzen versuchte. Er bekannte später, dass es ihm, als er z.B. die Apostelgeschichte übersetzte, so vorkam, als ob er ein altes Gebäude mit neuem elektrischen Drähten versorgte, ohne den Strom abschalten zu können. Gott schuf in ihm einen neuen Menschen.

Wir haben es in der Bibel mit einem lebendigen Wort Gottes zu tun, aber von Natur aus fehlt uns die Aufnahmefähigkeit, die Stimme der Ewigkeit zu hören. „Der natürliche Mensch", schreibt Paulus, „vernimmt nichts vom Geist Gottes; es ist ihm eine Torheit, und er kann es nicht erkennen; denn es muss geistlich verstanden sein" (1Kor 2,14). Im 2. Korintherbrief erklärt er, dass der Gott dieser Welt das Denken der Ungläubigen verblendet hat (4,4). Er freut sich darüber, dass die Thessalonicher Gottes Wort nicht einfach als Menschenwort aufgenommen hatten, sondern wie es in Wahrheit ist, als Gottes Wort (1Thess 2,13). Aber um die Bibel als Gottes Wort aufnehmen zu können, müssen wir eine geistliche

Antenne haben. Martin Luther meinte, Bibelforscher müssten eine dreifache Ausrüstung haben: *Oratio* (das Gebet), *Meditatio* (das Nachdenken in der Gegenwart Gottes) und *Tentatio* (trotz Anfechtungen dem Wort Gottes treu bleiben).

Von Adolf Schlatter, dem bekannten Neutestamentler in Tübingen, wird erzählt, dass er seinen Theologiestudenten immer wieder sagen musste: „Meine Herren, Sie können nicht lesen“. Ja, diese Herren konnten schon lesen; sie konnten sogar griechisch lesen; aber das war nicht, was er meinte. Sie konnten nicht, wie er es ausdrückte, „zwischen den Zeilen“ lesen. Dazu gehört das Gebet, die Busse, die Demut, die Offenheit, der Glaube und der Gehorsam. Der französische Gelehrte Blaise Pascal soll einmal gesagt haben: „Um göttliche Dinge zu verstehen, muss man sie zunächst lieb gewinnen.“ In anderen Worten, um Gott zu verstehen, muss man mit ihm im rechten Verhältnis stehen.

Kalte grammatisch-historische Objektivität ist hier eigentlich nicht möglich und ist auch nicht zu empfehlen, wenn wir Gottes Wort verstehen wollen. Bibelstudium fordert von uns, dass wir uns in die Gedanken der Heiligen Schrift „hineinversetzen“. Sören Kierkegaard, der dänische Theologe (1813-1855), meinte, man müsste die Bibel wie einen Liebesbrief lesen. Denn diesen liest man viele Male, und man liest vor allem auch zwischen den Zeilen. Liebesbriefe, so meinte er, sind eigentlich nur dem Empfänger, der in diesem Liebesverhältnis steht, klar. Und er verurteilte die Theologen hart, die, wie ein, Schuljunge der unartig gewesen ist und weiß, dass er die Rute bekommen wird, seine Hosentaschen mit Lexika und Grammatikbüchern füllt, damit er die Schläge nicht so spüre. Tatsächlich gibt es Theologen, die über Grammatik und Lexikon nicht hinwegkommen.

Schon im 4. Jahrhundert machte der berühmte Theologe Augustinus, der selber auf dem Gebiet der Hermeneutik einiges verkehrt gemacht hatte, darauf aufmerksam, dass man für die Auslegung der Heiligen Schrift ein reines Herz haben soll, um richtig schauen zu können. Man soll im Glauben an die Schrift herantreten, denn der „innere Geist“ des Auslegers ist genau so wichtig wie die literarische Ausrüstung. Zugleich aber wies er darauf hin, dass der Heilige Geist nicht ein Ersatz für Sprachkenntnisse oder geographisches und geschichtliches Wissen ist. Darauf müssen wir zurückkommen, aber ich erinnere noch an das bekannte Schlagwort von Hans Denck: „Niemand kann Christus in Wahrheit erkennen, es sei denn, er folgt ihm mit dem Leben nach“. Wenn wir die Schrift verstehen wollen, müssen wir mit der Absicht an sie herantreten, unser Leben von ihr bestimmen zu lassen.

Persönliche Frömmigkeit jedoch garantiert uns nicht die richtige Deutung des biblischen Textes. Damit wollen wir aber nicht sagen, dass die Bibel ein mysteriöses, verschlossenes Buch ist. Nein, jeder der lesen kann, kann die Grundwahrheiten des Evangeliums von der Rettung durch Christus aus der Heiligen Schrift heraus lesen. Auch kann er ohne viele Schwierigkeiten die Hauptlehren, die das christliche Leben darstellen, entdecken. Dazu muss man nicht ein langes Studium auf einer theologischen Hochschule abgeschlossen haben.

Aber die Klarheit der Heiligen Schrift hat Grenzen. Es gibt recht viele Schriftstellen, die schwer zu verstehen sind, und da müssen uns geschulte Bibelforscher helfen. Da muss beides: gebetet und gearbeitet werden. Der amerikanische Neutestamentler Donald Carson erzählt, dass ein frommer Mann ihm sein Verständnis für einen gewissen Bibeltext erklärt hatte. Der Heilige Geist, so behauptete er, hatte ihm die Wahrheit dieses Textes klar gemacht. Carson aber stellte seine Auslegung in Frage. Dazu sagte der Bibelleser: „Der Heilige Geist lügt nicht." Carson antwortete: „Aber wenn er mir etwas anderes sagt als dir, was dann?" „Nun", meinte der liebe Bruder, „dann spricht der Geist wahrscheinlich recht verschieden zu den Lesern der Heiligen Schrift." Dieser Mann meinte, dass ihm dadurch die rechte Auslegung der Bibel gesichert wäre, dass er den Geist Gottes hatte.

Das Gebet ist eben nicht eine theologische Methode. Es kann nicht als Instrument für die Auslegung eines Textes benutzt werden. Frömmigkeit allein erschließt uns noch nicht alle schwierigen Aussagen der Heiligen Schrift. Der Beitrag des Gebets, der Offenheit für Gott und der Heiligung für die biblische Forschung liegt auf einer anderen Ebene. Diese Dinge sprechen von unserer Annäherung zu Gott, sie erschließen uns aber nicht die schweren exegetischen Probleme eines Bibelabschnitts.

Luther, Zwingli und Calvin haben alle die Erleuchtung des Denkens durch den Heiligen Geist betont. Der Ungläubige kann ja genauso wie der Gläubige die Schrift lesen, er kann die Worte, die Sätze, die Abschnitte verstehen. Gläubige Menschen haben auch nicht notwendigerweise ein schärferes Denkvermögen. Auch trichtert der Heilige Geist ihnen nicht besondere Sprachkenntnisse ein. Wenn ein Ungläubiger die Bibel nicht verstehen könnte, könnte er ja nie durch das Lesen der Schrift zur Erkenntnis des Heils gelangen. Er mag die Wahrheit des Evangeliums nicht annehmen wollen, aber vom literarischen Standpunkt gesehen hat der gläubige Leser hier keinen Vorzug.

Was meint Paulus denn, wenn er sagt, dass Gottes Offenbarung in seinem Wort dem natürlichen Menschen ‚töricht‘ vorkommt (1Kor 2,14)? Einmal mag der Ungläubige an der Glaubwürdigkeit der Schrift zweifeln; oder er verwirft Gottes Wort, weil es seiner ganzen Lebensanschauung zuwider ist. Zudem liest er die Bibel mit ganz anderen Voraussetzungen. Wer mit Gott im Streit steht, will sein Wort nicht akzeptieren; es scheint solchen Lesern tatsächlich töricht zu sein. Wenn dagegen ein Bibelleser nach Gott sucht, dann überzeugt ihn der Heilige Geist von der Glaubwürdigkeit des Wortes Gottes und leitet ihn in der Anwendung des göttlichen Wortes auf sein Leben.

Man erzählt von Professor Kopfwissen, dass er einen Vortrag über die Lehre von der Rechtfertigung durch den Glauben gab. Er führte seinen Hörern alles so klar vor Augen, dass Paulus ihm bestimmt gedankt hätte, wäre er zugegen gewesen; so vollkommen richtig hatte er Paulus erfasst. Seine Zuhörer klatschten Beifall, als die Lektüre zu Ende war. Darauf antwortete der ungläubige Professor: „Aber sie wissen doch, dass es alles Humbug ist.“ Später fragte man seine Frau, die keine theologische Bildung hatte, was Rechtfertigung durch den Glauben bedeutete. Mit Tränen in den Augen antwortete sie: „Das bedeutet, dass Gott alles für mich getan hat.“ Wer hatte die biblische Wahrheit besser verstanden, der gelehrte Theologe oder die gläubige Frau?

Also, wer Gottes Wort verstehen will, muss zunächst die notwendige literarische Ausrüstung haben; er muss sich aber auch auf die Hilfe von oben verlassen. Aber jetzt noch ein Drittes:

2.3 Die Bibel ist eine Heilsgeschichte

Vor Jahren machte ein Professor aus Oxford unter fachkundigen Bibelforschern eine Umfrage. Jeder Befragte sollte mit einem Wort oder Satz die Frage beantworten: Was ist das Hauptanliegen der Heiligen Schrift? Worum geht es in der Bibel hauptsächlich? – Wir können uns vorstellen, dass die Antworten recht verschieden ausfielen. Jedoch im Allgemeinen war man sich einig, dass es in der Bibel um die Rettung der Menschheit geht. Die Bibel ist also eine Heilsgeschichte.

Hätte man diese Beobachtung immer ernst genommen, hätten Bibelleser sich viele Fehlgriffe und sogar Leid erspart. Oft ist die Bibel sogar als Nachschlagewerk betrachtet worden; man wollte zu allen möglichen Fragen aus der Bibel die Antwort haben. Aber damit hat man die Heilige Schrift oft verkannt.

Wenn wir sonst ein Buch zur Hand nehmen, macht es doch einen gewaltigen Unterschied, ob es ein Geschichtsbuch, ein naturwissenschaftliches Buch, ein Buch über Philosophie, ob es ein Märchen oder ein Roman ist. Wir würden doch nicht theologische Fragen an ein Mathematikbuch richten. Auch würden wir nicht theologische Fragen an ein Buch richten, welches uns Physik lehrt. So dürfen wir auch nicht Fragen an ein religiöses Buch, wie die Bibel es ist, richten, die von der Bibel nicht beantwortet werden können.

Paulus schreibt an Timotheus und erinnert ihn daran, dass die Heilige Schrift (vornehmlich hat er das Alte Testament im Blickfeld, aber man dürfte seine Bemerkung auch auf das Neue anwenden.) *theopneustos* (von Gott eingegeben) ist, und „ist nütze zur Lehre, zur Aufdeckung der Schuld, zur Besserung, zur Erziehung in der Gerechtigkeit, dass ein Mensch Gottes sei vollkommen, zu allem guten Werk geschickt" (2Tim 3,16). Die Heilige Schrift spricht also zu den tiefen geistlichen Fragen des menschlichen Lebens und hat nicht die Absicht uns z.B. die Geheimnisse der Biologie zu erschließen.

Der lange Kampf zwischen Bibelforschung und Naturwissenschaft wäre bestimmt nicht so heiß gewesen, wenn man dieses beachtet hätte. Der Astronom und Physiker Galilei Galileo (1564-1643) kam durch seine Experimente zu dem Schluss, dass Kopernikus (1473-1543) im Recht war, als dieser zur Überzeugung gekommen war, dass die Planeten um die Sonne kreisten. Bis dahin herrschte unter Theologen allgemein die Meinung, dass die Bibel das ptolemäische System unterstütze, nämlich dass sich alles um die Erde dreht. Dieses geozentrische Verständnis für das Universum wurde durch die Forschungen von Kopernikus und Galileo durch ein heliozentrisches Verständnis ersetzt. Die Inquisition nahm zu dieser neuen Lehre Stellung. Sie vollstreckten an Galileo ein Lehrverbot; er musste sich von den Resultaten seiner astronomischen Forschung lossagen und musste die letzten Jahre seines Lebens unter Hausarrest verbringen.

Aber Galileo ging es nicht darum, die Lehre der Bibel über das Universum zu untergraben. Er glaubte, was die Bibel lehrte. Aber er hatte gelernt, dass die Bibel darüber spricht, wie man in den Himmel kommt, und nicht wie die Himmel sich bewegen. Der Schöpfungsbericht auf den ersten Blättern der Bibel ist schon recht geozentrisch in seiner Orientierung. Aber das erklärt sich daraus, dass der Mensch hier auf dieser Erde lebt. Hier fällt der Mensch in die Sünde und hier auf der Erde führt Gott seine Heilspläne für die Menschheit aus. Ob die Sonne sich um die Erde dreht, oder die Erde um die Sonne, ist ja eigentlich nicht wichtig für die Heilsgeschichte. Aber so dachte man nicht zur Zeit der Inquisition. Ja, man fand sogar einen Bibelvers, der Galileo verurteilte: „Ihr Männer von Galiläa (das lautete wie Galilei) warum steht ihr und schaut in den Himmel?“ (Wie Galileo es tat) (Apg 1,11). Die Bibel spricht aber über unsere Rettung, und nicht über Astronomie.

Naturwissenschaftler machen übrigens oft denselben Fehler, wenn sie z.B. die Frage über die Herkunft aller Dinge beantworten wollen. Dieses ist eine philosophische bzw. theologische Frage, die man nicht mit Teleskop und Computer beantworten kann. Es ist eine Frage, die in der Heiligen Schrift beantwortet wird. Über alles, was da ist, stellt sie den majestätischen Satz: „Am Anfang schuf Gott Himmel und Erde“ (1Mo 1,1). Wir sollten froh sein, dass die Bibel nicht in der Sprache der Naturwissenschaftler geschrieben wurde, denn sonst könnten wir sie unmöglich verstehen. Und wäre sie im Rahmen der Wissenschaft der alten Welt des Orients geschrieben worden, dann wäre die Bibel heute total veraltet. Denn die Wissenschaft ist progressiv, d.h. fortschreitend. Einige Dinge, die vor zwanzig Jahren gelehrt wurden, sind heute veraltet. Die Textbücher für die Schulen, besonders in den Naturwissenschaften, müssen ja ständig revidiert werden. Aber die Bibel hat schon Tausende Jahre lang Gottes Wort in die Geschichte der Menschheit hineingeredet, und tut es immer noch. Sie hat es mit dem menschlichen Problem der Sünde, der Schuld, der Not und des Todes zu tun, und auf diesen Gebieten bleibt Gottes Wort aktuell.

Und doch ist es wahr, dass wir aus der Bibel recht viele Dinge lernen können, die nicht direkt mit unserer Rettung zu tun haben. Wir haben da eine Menge von Geschichtsbüchern, die Informationen über Israel und andere Völker bieten. Auch kann man recht viel über Sitten und Gebräuche des alten Orients aus der Bibel lernen. Und Lukas hat uns in der Apostelgeschichte viel Wichtiges über das Urchristentum mitgeteilt. Aber Information allein ist nicht das Anliegen der Bibel. Mitunter hat man die Heilige Schrift fast wie eine Enzyklopädie betrachtet – als ob man über irgend ein

Thema in der Bibel Informationen finden könnte. Aber das ist verkehrt. Die Bibel ist eine Heilsgeschichte. Sie gibt Antworten auf religiöse Fragen. Und doch werden nicht einmal alle religiösen Fragen in der Bibel beantwortet.

Mit Paulus bekennen wir, dass unser Wissen auch über religiöse Dinge Stückwerk ist. Gott hat den biblischen Schreibern nicht alles offenbart. Johannes zeugt im letzten Buch der Bibel von dem, „was er gesehen hat“ (1,2). Gott hat ihm aber nicht alles gezeigt. Gerne wüssten wir mehr über die zukünftige Welt. Nicht immer wissen wir, wie wir die Heilige Schrift auf die Fragen des heutigen Lebens anwenden sollen, denn die Propheten und Apostel lebten in einer anderen Welt, in der man von Computern, Fernsehen und Kernphysik nichts wusste.

Daher ist es mitunter auch besser, wenn wir unsere Unwissenheit bekennen, anstatt in gekünstelter Weise Schriftworte auf Probleme anzuwenden, mit denen wir augenblicklich konfrontiert werden. Wenn jemand z.B. gegen das Fernsehen Stellung nehmen will und das Wort des Apostel Johannes über das Bild vom Tier auf das TV bezieht (Offb 13,15; „des Tieres Bild redete“), geht man an der Sprache des Textes vorbei. Oder denken wir an die Enttäuschungen, die Menschen schon erlebt haben, weil man versuchte, durch eine gekünstelte Rechnerei auf Grund der Bibel den Tag für das Kommen des Herrn festzulegen. Und das obwohl Jesus sagte, dass niemand die Stunde weiß, wann der Herr wieder erscheinen wird (Mk 13,32).

Nun sollte aber noch gesagt werden, dass obwohl die Heilige Schrift manche Themen der Gegenwart nicht direkt anspricht, wir doch in der Bibel allgemeine Grundlehren haben, die uns selbst in den aktuellen Fragen des 20. Jahrhunderts leiten können. Jesus und die Apostel haben z.B. nichts über die Abtreibung gesagt (das war damals keine Frage), aber sie haben genug über die hohe Wertschätzung des menschlichen Lebens gesagt, sodass man von der Bibel her diese üble Praxis nur verurteilen muss. Jedoch wenn man z.B. das Rauchen verurteilen will, d.h. aus moralischen Gründen, und Luthers Übersetzung von 1.Johannes 1,9 dazu als Grundlage gebrauchen will („Dass er uns die Sünden vergibt und reinigt uns von aller Untugend ...“ – Rauchen ist eine Untugend, also klar, die Bibel verbietet das Rauchen), wird man einen Raucher nicht sehr leicht überzeugen. (Luther hat das griechische *adikia* mit „Untugend“ übersetzt; eigentlich bedeutet das Wort ‚Ungerechtigkeit, Sünde; *Die gute Nachricht* übersetzt: „alle Schuld von uns nehme“.)

Weil die Bibel eine Heilsgeschichte ist und nicht zu allen Fragen des irdischen oder des religiösen Lebens spricht, werden Bibelleser auch in manchen Fragen uneinig sein. Das kann man schon daran erkennen, dass es heute eine Unmenge von Gemeinderichtungen gibt. Und keiner darf behaupten, dass seine Gemeinde die einzige ist, die Gottes Wort richtig verstanden und angewandt hat.

Wenn es jedoch bis zur Frage über unsere Rettung durch Jesus Christus, zu den biblischen Richtlinien für den christlichen Wandel, über unsere Aufgabe in der Welt und über die Grundwahrheiten der Eschatologie kommt, dann sind sich die verschiedenen Gemeinderichtungen, wenn sie sonst auf Gottes Wort achten, wunderbar einig. Die Bibel ist eine Heilsgeschichte, und auf dem Gebiet hat Gott uns genügend Licht gegeben, wir brauchen also nicht zu irren.

David Field, ein englischer Theologe, gebraucht ein passendes Bild, um die Zulänglichkeit der Heiligen Schrift, aber zugleich die Grenzen derselben zu illustrieren. Er vergleicht die Bibel mit den Frontlichtern eines Autos. Sie machen es uns möglich, in finsterer Nacht sicher zu fahren. Der Autofahrer sollte sich aber nicht zu sehr für die umliegende, in Finsternis gehüllte Landschaft interessieren, sonst fährt er in den Graben. Solange er jedoch dem Licht folgt, welches vor ihm den Weg beleuchtet, kann er sicher fahren und kommt ans Ziel. Das Licht hat seine Schranken; es beleuchtet nicht die ganze Landschaft, aber es zeigt uns unseren Weg.

3

Urtext und Übersetzungen

Die Sprachenverwirrung, die beim Turmbau zu Babel geschah, war Gottes Gericht über eine Menschheit, die ihre Einheit getrennt von Gott suchte. Das Pfingstwunder dagegen, als Gott die Sprachbarrieren durchbrach, war eine Gnadentat Gottes. Tausende Besucher des gesamten Römischen Reiches hörten das Evangelium in ihren eigenen Dialekten.

Durch dieses Durchbrechen der sprachlichen Grenzen am Pfingsttage wurde der Gemeinde angezeigt, auf welcher Linie ihre Aufgaben liegen würden, nämlich in allen Sprachen das Evangelium zu verkündigen. Das hat man im Frühchristentum recht ernst genommen. Man übersetzte das Neue Testament zunächst ins Alt-Syrische und Alt-Lateinische (Im 4. Jahrhundert erschien die lateinische Vulgata, welche tausend Jahre lang die Bibel des westlichen Europas war). Auch gab es bald Übersetzungen in ägyptischen Sprachen (Bohairisch und Sahidisch). Auch Äthiopien, Armenien, Georgien und sogar die Goten wurden durch Übersetzungen der Bibel beglückt. Solche Übersetzungen zeugen von dem Missionseifer der Boten Jesu in den ersten Jahrhunderten des Christentums.

In dem langen Mittelalter, etwa 500 bis 1500 n.Chr., wird die Heilige Schrift im Westen hauptsächlich in lateinischer Sprache gelesen. Weil aber der gewöhnliche Mensch das Lateinische oft nicht kannte, lag das Studium der Bibel in den Händen der Geistlichkeit. Die lateinische Vulgata, herausgegeben von Hieronymos im 4. Jahrhundert, herrschte gleichsam im westlichen Europa. Mit der protestantischen Reformation gab es jedoch auf dem Gebiet der Bibelübersetzung neue Ansätze. Obwohl der mittelalterlichen Kirche das Übersetzen der Bibel in moderne Sprachen nicht zusagte, ja, sie verbot es sogar, erschienen im 16. Jahrhundert Bibeln in holländischer, französischer, englischer, deutscher und anderen Sprachen. Die Übersetzer wurden oft von der Kirche verfolgt; in England wurden einige sogar auf dem Scheiterhaufen verbrannt. Aber die neuen Übersetzungen ermutigten Menschen lesen zu lernen und trugen dazu bei, dass die dialektischen Unterschiede in den Ländern, wie England und Deutschland, zum Teil überwunden wurden. Man kann sich die protestantische Reformation ohne Bibelübersetzungen eigentlich nicht so recht vorstellen.

Das 20. Jahrhundert hat, trotz Krieg und Not, eine Unmenge von neuen Übersetzungen gezeitigt, besonders in den sogenannten Missionsländern. Gottes Kinder in den verschiedenen Ländern der Erde lesen heute die Bibel in ihren eigenen Sprachen. Aber wir dürfen dabei nicht vergessen, dass die Bibel ursprünglich in hebräisch/aramäischer und griechischer Sprache erschien. Jede Übersetzung ist auch zugleich eine Auslegung der Schrift. Daher kann man Hermeneutik schwer von Übersetzung trennen. Hermeneutik schließt beides, Übersetzung und Auslegung ein, und daher muss in einem Studium der Hermeneutik auch einiges über Übersetzungen gesagt werden.

Bibelleser wissen oft nicht, was sie mit all den Übersetzungen, die in ihrer Muttersprache zu haben sind, machen sollen. Sie wissen oft nicht, warum die Übersetzungen so verschieden sind, oder ob sie zuverlässig sind. Vielleicht hilft ein kurzer Überblick, einige Fragen über Urtext und Übersetzungen zu beantworten.

3.1 Die Handschriften

Die Handschriften, die von den Händen der Schreiber der Bücher des Alten und Neuen Testaments kamen, haben wir leider nicht. Es gehört zur irdischen Beschränktheit der Bibel, dass die Urkunden, wie auch andere Schriften der Antike, nicht erhalten worden sind. Wenn wir heute von Handschriften sprechen, meinen wir eigentlich Kopien, die auf die Urkunden zurückgehen.

Hunderte Jahre lang wurden die Heiligen Schriften abgeschrieben. Im Judentum bemühte man sich höchst sorgfältig, die Bücher der Bibel abzuschreiben. Bis die Rollen im Toten Meer entdeckt wurden, gingen die hebräischen Handschriften nur bis zum 9. Jahrhundert n.Chr. zurück. Als dann die biblischen Rollen am Toten Meer ans Licht kamen, hatte man einen hebräischen Text, der etwa tausend Jahre älter war als die Handschriften, die man bis dahin besaß. Recht begeistert hat man dann verglichen und zum Staunen vieler Gelehrter, waren beim Abschreiben in diesen hunderten von Jahren doch nur verhältnismäßig wenig Schreibfehler gemacht worden.

Beim Neuen Testament steht die Sache etwas anders. Tausende von Handschriften sind vorhanden (viele enthalten nur Teile des Neuen Testaments), und zwar gehen einige Papyrus-Handschriften bis aufs 3. Jahrhundert zurück, sodass die Lücke zwischen den

Urkunden und den Kopien fast geschlossen ist. Weil aber viele dieser Kopien von Privatpersonen hergestellt wurden, haben wir es bei den griechischen Handschriften mit sehr viel mehr Varianten, d.h. Lesarten, zu tun.

Neben den griechischen neutestamentlichen Handschriften, haben wir noch Tausende Handschriften der Übersetzungen aus den ersten Jahrhunderten des christlichen Zeitalters (die oben erwähnt wurden). Obendrein schrieben die alten Kirchenväter Kommentare und Predigten über neutestamentliche Texte, und weil sie ständig das Neue Testament zitieren, sind diese Schriften eine dritte Quelle, aus der man schöpfen kann, wenn man an der Wiederherstellung des besten Urtextes arbeitet.

Der griechische Text des Neuen Testaments wurde zum ersten Mal im Jahre 1516 von Erasmus in Basel in Druck gegeben. Leider hatte Erasmus nicht die besten Handschriften zur Hand, und die, welche er hatte, gehören zu der byzantinischen Textfamilie, wie sie heute genannt wird. Bald fanden sich andere Bibelforscher, welche den griechischen Text in Druck gaben. Nachdem die Elzivir Brüder in Leiden das griechische Neue Testament drucken ließen, hieß dieser Text „Textus Receptus“. Luthers Neues Testament, wie auch die Übersetzungen in die Sprachen des westlichen Europas im 16. Jahrhundert, wurde auf Grund dieses byzantinischen Textes, der viel zu wünschen übrig ließ, gemacht.

Seitdem sind viel ältere und bessere Handschriften ans Licht gekommen, sodass Übersetzer heute einen besseren Urtext zur Hand haben, wenn sie das griechische Neue Testament in anderen Sprachen wiedergeben. Es gibt jedoch recht viele Varianten, bei denen die Gelehrten sich über die beste Lesart noch nicht ganz einig sind, und das erklärt zum Teil die Differenzen in den Übersetzungen. Ich illustriere einmal ganz kurz, wie sich Varianten in den Handschriften eingeschlichen haben.

3.2 Varianten im Urtext des Neuen Testaments

Beim Abschreiben kommt es oft vor, dass ein Buchstabe oder ein Wort wiederholt wird. Diesen Fehler nennt man ‚Dittographie‘. Wenn ein Buchstabe oder ein Wort ausgelassen wird, nennt man den Fehler ‚Haplographie‘. In 1.Thessalonicher 2,7 ist man sich nicht ganz sicher, ob ein Buchstabe wiederholt oder ausgelassen worden ist. Daher haben wir in einigen Übersetzungen: „Wir sind bei euch linde (*epioi*) gewesen“, und in anderen: „Wir sind bei euch wie Kinder (*nepioi*) gewesen“. Der Unterschied ist ein Buchstabe.

Ein anderer Fehler, der beim Abschreiben leicht geschehen kann, nennt man *parablepsis* (d.h. übersehen). Wenn z.B. zwei Zeilen in ähnlicher Weise abschließen, steht der Abschreiber in Gefahr, eine Zeile zu überschlagen. In der alten Lutherbibel lautete 1. Johannes 3,1 so: „Seht, welch eine Liebe hat uns der Vater erzeigt, dass wir Gottes Kinder sollen heißen.“ In der revidierten haben wir noch den Zusatz, „und es auch sind“. Das Zeitwort „heißen“ (*klethomen*) endet genauso wie das Zeitwort „sind“ (*esmen*), und das Auge des Abschreibers hat diesen kurzen Satz jedenfalls übersehen.

Mitunter ist das Ohr und nicht das Auge daran Schuld, dass Buchstaben, vor allem Vokale, verwechselt wurden. Das nennt man ‚Itazismus‘. Dieses geschah häufig, wenn die Schrift diktiert wurde. In Offenbarung 1,5 z.B. übersetzte Luther: „Der uns geliebt hat und gewaschen von den Sünden mit seinem Blut.“ In der revidierten Lutherbibel heißt es aber: „Der uns liebt und erlöst hat von unseren Sünden mit seinem Blut.“ Zwischen ‚waschen‘ (*louo*) und ‚erlösen‘ (*lyo*) kann das Ohr nicht gut unterscheiden. Noch ein Beispiel wäre Römer 5,1, wo es bei Luther heißt: „Nun wir denn sind gerecht geworden durch den Glauben, so haben wir (*echomen*) Frieden mit Gott.“ In der *New English Bible* dagegen heißt es: „So lasst uns mit Gott im Frieden bleiben.“ Warum der Unterschied? Weil es nicht ganz eindeutig ist, ob wir das Zeitwort „haben“ als Indikativ (mit kurzem „o“) lesen sollen, oder im Konjunktiv (mit langem „o“).

Aber neben den unabsichtlichen Schreibfehlern gibt es auch solche, die vom Abschreiber selbst gemacht worden sind und zwar, wenigstens in der Regel, aus guten Motiven. Diese sind leichter zu ertappen als die unabsichtlichen. Manchmal führt das gute Gedächtnis des Abschreibers auf die falsche Bahn. In Epheser 1,7 heißt es, dass wir „Erlösung durch sein Blut“ haben. Als dann der Abschreiber Kolosser 1,14 abschrieb, wo auch gesagt wird, dass wir durch Christus Erlösung haben, fügte er „durch sein Blut“ aus dem Epheserbrief zu. In der alten Lutherbibel haben wir diesen Zusatz in Kolosser 1,14; in der revidierten nicht.

Einige Sätze sind durch den christlichen Gottesdienst in die Handschriften hineingekommen. In den besseren griechischen Handschriften fehlt die Doxologie am Ende des Vaterunsers (Mt 6,13): „Denn dein ist das Reich und die Kraft und die Herrlichkeit. Amen.“ Ohne diese Doxologie schließt das Gebet mit der Bitte:

„Und führe uns nicht in Versuchung, sondern erlöse uns von dem Übel." Das schien kein passender Abschluss für ein Gebet zu sein und man fügte eine Doxologie hinzu. Diese hat sich so tief eingebürgert, dass die revidierte Lutherbibel sie einfach nur in Klammern stehen lässt. In vielen neueren Übersetzungen fehlt Apostelgeschichte 8,37 (die revidierte Lutherbibel hat diesen Vers in Klammern), weil dieser Vers aus der Taufpraxis der Kirche kommt und in den meisten Handschriften fehlt. „Philippus aber sprach: Wenn du von ganzem Herzen glaubst, so mag es geschehen. Er aber antwortete und sprach: Ich glaube, dass Jesus Christus Gottes Sohn ist."

Hier und da sind Fehler aus dogmatischen Gründen entstanden. Bei Markus 1,41 wissen wir eigentlich nicht so recht, ob es Jesus jammerte (*splagnistheis*) oder ob er zürnte (*orgistheis*). Die meisten Übersetzer ziehen „jammerte" vor, aber nicht alle, denn ein Abschreiber mag nicht gerne geschrieben haben, dass Jesus zürnte, und hat womöglich das Mittelwort von „zürnen" auf „jammern" verschoben. In Hebräer 2,9 heißt es, dass Jesus „aus Gottes Gnade für alle den Tod schmeckte". Aber in einigen Handschriften haben wir nicht „Gnade" (*charis*), sondern das Vorwort „ohne" (*choris*). Ursprünglich hieß es wohl „Gnade" (*charis*), aber ein Abschreiber mag es aus verschiedenen Gründen auf „ohne" geändert haben. Vielleicht dachte er an Jesu Worte am Kreuz: „Mein Gott, mein Gott, warum hast du mich verlassen?" Also hat er ohne Gott den Tod geschmeckt.

Mitunter wollte ein Abschreiber ein Wort Jesu oder der Apostel abschwächen, denn es schien zu hart zu sein. In der Bergpredigt sagte Jesus, dass „wer mit seinem Bruder zürnt, der ist des Gerichtes schuldig" (Mt 5,22). In vielen Handschriften finden wir aber einen kleinen Einschub: „Wer mit seinem Bruder zürnt *ohne Ursache*, der ist des Gerichtes schuldig." Dieser Zusatz soll das Wort Jesu erleichtern.

Abschreiber, die in der griechischen Sprache geschult waren, standen ständig in Versuchung, das Griechisch der neutestamentlichen Schreiber zu verbessern. Auch konnten Abschreiber schwer darüber hinweg, wenn die apostolischen Schreiber das Alte Testament so anders zitierten als der hebräische oder griechische Text des Alten Testamentes es hat. In Markus 1,2 steht in der alten Lutherbibel: „Wie geschrieben steht in den Propheten". Aber das ist nicht die richtige Lesart. In der revidierten heißt es: „Wie geschrieben steht im Propheten Jesaja." Warum der Unterschied? „Jesaja" ist die richtige Lesart, aber das Zitat in Vers 2 stammt aus

Maleachi 3,1. Erst mit Vers 3 haben wir ein Zitat aus Jesaja. Ein Abschreiber meinte jedenfalls, Markus hätte einen Fehler gemacht und änderte „im Propheten Jesaja“ auf „in den Propheten“ (das schloss dann Maleachi wie auch Jesaja ein).

Wir haben also versucht zu illustrieren, wie Varianten in den Handschriften eingeschlichen sind. Dieses erklärt zum Teil die Unterschiede in den Übersetzungen. Und weil man heute einen zuverlässigeren griechischen Text zur Hand hat, weichen die Übersetzungen aus jüngster Zeit oft von denen aus früheren Zeiten ab.

3.3 Übersetzungsmöglichkeiten

Auch wenn Übersetzer genau denselben hebräischen und griechischen Text vor sich haben, können ihre Übersetzungen doch recht verschieden aussehen. „Wörtliche“ Übersetzungen, im engeren Sinn, gibt es eigentlich nicht. Der Satzbau in der hebräischen Sprache ist so ganz anders als in der deutschen, sodass man unmöglich Wort für Wort übersetzen kann. Griechisch gehört schon zur selben Sprachfamilie wie Deutsch, aber auch da kann man nicht Wort für Wort übersetzen. Ein Übersetzer muss sich immer wieder fragen, was wollte der ursprüngliche Schreiber sagen; er muss versuchen, den Sinn des Urtextes zu erfassen und diesen dann in der Sprache der Gegenwart ausdrücken. Aber auch wenn Übersetzer nach diesem Prinzip arbeiten, gehen sie sich oft weit auseinander, weil sie die biblischen Wörter und den Satzbau verschieden verstehen.

Das griechische Mittelwort (Partizip) muss oft vom Übersetzer interpretiert werden, und da gehen die Übersetzer oft weit auseinander. Luther hat Galater 6,9 folgendermaßen übersetzt: „Denn zu seiner Zeit werden wir auch ernten ohne Aufhören.“ In der revidierten Lutherbibel (wie auch in allen englischen) heißt es aber: „Denn zu seiner Zeit werden wir auch ernten, wenn wir nicht ablassen“. So verschieden kann man den Ausdruck „ohne Aufhören“ übersetzen.

Was soll der Übersetzer machen, wenn das urtextliche Wort mehr als eine Bedeutung hat? Laut Johannes 3,3 sagte Jesus dem Nikodemus, dass er aufs Neue müsste geboren werden. Wie sollen wir das Wort *anothen* übersetzen? Es kann „wieder“ bedeuten (also Wiedergeboren) oder auch „von oben“ (von oben geboren). Der Übersetzer muss sich für die eine oder andere Übersetzung entscheiden.

Mitunter ist es schwer, ein Wort in der Sprache der Gegenwart zu finden, das dem urtextlichen Wort Rechenschaft trägt. *Episkopos* ist das Wort „Bischof". Aber viele Gemeinden wollen dieses Wort nicht gebrauchen, weil es durch den langen Gebrauch in einigen Kreisen einen negativen Klang angenommen hat. Daher ziehen einige Übersetzter es vor, dieses Wort mit „Vorsteher" oder „Aufseher" zu übersetzen. Andere haben „Bischof". Wenn die Apostel von dem christlichen „Pilger" sprachen, dann hatte das Wort bestimmt nicht denselben Sinn, den es heute hat, wo es Menschen bezeichnet, die heilige Stätten besuchen. Vielleicht wäre „Flüchtling" heute eine bessere Übersetzung.

Weil eine lebendige Sprache stets im Wandel steht, müssen Bibelübersetzungen auch immer wieder revidiert werden. Neue Wörter werden geboren, altbekannte Wörter bekommen einen anderen Sinn. Idiomatische Ausdrücke machen die Runde und verschwinden wieder. Es gibt also viele Übersetzungsmöglichkeiten.

3.4 Leitende Grundsätze beim Übersetzen

Jeder Übersetzer (oder: jedes Übersetzungsteam) muss gewisse Grundsätze festlegen, ehe er mit der Übersetzung der Bibel beginnt. Und weil Übersetzer oft verschiedene Grundsätze haben, gehen die Übersetzungen auch oft auseinander.

Einmal muss man sich fragen, für wen will man übersetzen? Eine Kinderbibel wird bestimmt anders aussehen als eine Bibel für Erwachsene. Wenn man das Evangelium in einer Gesellschaft verbreiten will, die nicht zur Kirche geht und mit der Bibelsprache nicht vertraut ist, dann muss man versuchen, eine nicht-theologische Sprache zu führen. ‚Rechtfertigung', ‚Erlösung', ‚Sühnopfer', ‚Himmelreich' und viele andere Wörter sind dem modernen Menschen oft unbekannt. Da muss man nach Äquivalenten suchen. Einige Bibeln, welche die Sprache der Gegenwart gebrauchen, haben im Anhang ein kurzes biblisches Lexikon für Leser, die mit der Bibelsprache nicht vertraut sind.

Es macht auch einen großen Unterschied in der Sprache, wenn man eine Übersetzung macht, die für den allgemeinen Gottesdienst passend ist, oder ob man eine Studienbibel produzieren will. Einige Übersetzungen haben eine recht gehobene Schriftsprache, andere dagegen sind recht volkstümlich. Auch ist eine revidierte Bibel nicht einer neuen Übersetzung gleich. Wenn man also fragt: Welches ist die beste Übersetzung? muss man erst einmal fragen „für wen“? Der Bibelübersetzer Dr. Harold Fehderau teilt Bibeln in 4 Klassen:

(a) alte Bibeln (z.B. Luther);
(b) liturgische (d.h. für den Gottesdienst geeignet);
(c) literarische (d.h. solche, die einen gehobenen Stil haben);
(d) volkstümliche (z.B. ‚Die Gute Nachricht‘).

3.5 Übersetzungsschwierigkeiten

Neben den allgemeinen Grundsätzen, die jeder Übersetzer bei seiner Arbeit hat, muss er sich auch noch mit besonderen Problemen auseinandersetzen. Da wäre einmal die Frage der Zeichensetzung. Durch die Zeichensetzung kann man den Sinn eines Satzes bedeutend ändern. – Ist Psalm 121,1 eine Aussage oder eine Frage? „Ich hebe meine Augen auf zu den Bergen, von welchen mir Hilfe kommt,“ heißt es bei Luther. Aber in der englischen *Jerusalem Bible* ist der zweite Teil dieses Verses eine Frage: „Woher soll mir Hilfe kommen?“ Die Antwort wird dann in Vers 2 gegeben: „Meine Hilfe kommt von dem Herrn, der Himmel und Erde gemacht hat.“

Es macht einen Unterschied, wo man das Komma in Johannes 1,9 setzt. Luther: „Das war das wahrhaftige Licht, welches alle Menschen erleuchtet, die in diese Welt kommen.“ Aber man kann auch ganz richtig übersetzen: „Das war das wahrhaftige Licht, welches in diese Welt kommt und alle Menschen erleuchtet.“ – Sagte Jesus zu dem Übeltäter am Kreuz: „Wahrlich ich sage dir: Heute wirst du mit mir im Paradiese sein?“ (Lk 23,43), oder sollte man so übersetzen: „Wahrlich ich sage dir heute: Du wirst mit mir im Paradiese sein.“ Letzteres ist nicht richtig, aber die Zeichensetzung würde es erlauben. – Ist 1.Korinther 6,4 eine Aussage oder eine Frage: „Ihr aber, wenn ihr über zeitlichen Gütern rechtet, so nehmt ihr solche, die in der Gemeinde nichts gelten, und setzt sie zu Richtern.“? Fast alle englischen Übersetzungen haben diesen Satz als Frage.

Paulus schreibt an die Epheser, dass Gott Aposteln, Propheten und anderen begabten Personen den Auftrag gegeben hat, „dass die Heiligen zugerüstet würden zum Werk des Dienstes“ (Eph 4,12). Aber in einigen Übersetzungen steht hinter dem Zeitwort „würden“ ein Komma. In dem Fall sollen die Apostel, Propheten und andere nicht nur die Heiligen zum Dienst zurüsten, sondern selber das Werk des Dienstes tun. Umgekehrt sollen die Heiligen das

Werk des Dienstes tun. Das macht in unserem Gemeindebegriff einen großen Unterschied.

Auch muss ein Übersetzer sich mit der Geldwährung, die immer wieder in der Bibel vorkommt, auseinandersetzen. Soll er versuchen, Talente, Pfunde und die verschiedenen Münzen, die in der Bibel genannt werden, in die Währung seines Landes umzurechnen? Aber wieviel Deutsche Mark sind 300 Silbergroschen (Joh 12,5)? Außerdem kann sich der Wert einer Währung schnell ändern. Laut Matthäus 20,2 war ein Silbergroschen zur Zeit Jesu ein Tagelohn. Auf diesem Weg kommt man der Sache etwas näher. Einige Übersetzer lassen einfach die hebräischen, griechischen und römischen Wörter für Geldstücke stehen, denn Äquivalente sind schwer zu finden. Im Gleichnis vom Schalksknecht heißt es, dass er seinem Herrn zehntausend Pfund schuldig war. In einigen englischen Bibeln haben wir folgendes: ‚Moffatt' übersetzt „drei Millionen Dollar"; *Living Bible* übersetzt „zehn Millionen Dollar"; *Good News Bible* übersetzt einfach „Millionen von Dollar". Man muss also eine Inflation in Betracht ziehen. Und genau dasselbe Problem hat der Übersetzer, wenn er Gewichte und Maße in eine moderne Sprache übertragen soll.

Ganz besonders problematisch sind beim Übersetzen die idiomatischen (mundartlichen) Ausdrücke. Das sind bildliche Ausdrücke, die aus den Kulturen der biblischen Umwelt stammen. Man kann sie nicht buchstäblich übersetzen, und oft sind auch keine Äquivalente in unserer Muttersprache zu finden. Was heißt z.B. „das Gesicht annehmen" (ein Ausdruck, der im Hebräischen immer wieder vorkommt und ins Griechische übertragen worden ist als *prosopolempsia* (Röm 2,11; Eph 6,9)? Das ist der hebräische Ausdruck für „Ansehen der Person machen". – Was wollte Amos mit der Warnung sagen, dass Gott seinem Volk „reine Zähne" geben würde (4,6)? Luther übersetzte „müßige Zähne". Es bedeutet eben, dass Gott eine Hungersnot schicken wird (wenn man nicht isst, bleiben die Zähne rein).

Uns mag es befremden, dass der Hebräer mit dem Herzen „denkt", aber das gehört zur physiologischen Psychologie des Alten Testaments (und wird dann auch ins Griechische übertragen, wo man eigentlich ein Wort für „Verstand" hat). Was bedeutet es, wenn gesagt wird, dass „die Hand des Herrn" mit ihm war? Was sind „Kinder des Zorns"? Und dergleichen mehr.

Manchmal drückt der biblische Schreiber sich in den Augen des Übersetzers zu krass aus, und dann wird der idiomatische Ausdruck im Urtext abgeschwächt. Paulus rechnet es den Galatern hoch an, dass sie nicht „ausspuckten“ (*ekptuo*), als er zu ihnen kam (Gal 4,14). Luther übersetzte „geschmäht“. Er warnt die Galater: „Irrt euch nicht, Gott lässt sich nicht spotten“ (Gal 6,7). Aber eigentlich steht im Griechischen: „Vor Gott darf man die Nase nicht rümpfen“ (*mykterizo*).

Was soll ein Übersetzer machen, wenn ein sonst bekannter biblischer Ausdruck in einer anderen Kultur einen anderen Sinn hat? In einem Stamm in Afrika kann man Jesu Verheißung: „Ich will euch zu Menschenfischern machen“, nicht wörtlich übersetzen, denn das Wort „Menschenfischer“ ist ihr Wort für die Polizei. – „Siehe, ich stehe vor der Tür und klopfe an“, verstanden die Leser der Offenbarung, aber in einem afrikanischen Stamm ist das der idiomatische Ausdruck für einen Dieb (der klopft an, um zu sehen ob jemand zu Hause ist; wenn nicht, dann bricht er ein). Wenn der Schreiber an die Hebräer die Hoffnung mit einem Anker für die Seele vergleicht, ist das problematisch für Wüsteneinwohner, die nie ein Schiff gesehen haben.

In der Ibo-Sprache in Nigeria kann man Jesu Beobachtung, dass das Volk wie Schafe ohne Hirten war (Mt 9,36), nicht buchstäblich übersetzen, sonst sagt man gerade das Gegenteil dessen, was Jesus meinte. Schafe ohne Hirten sind bei diesen Leuten die glücklichsten Schafe; sie können sich in den Gärten gütlich tun. Hirten sind dazu da, sie aus den Gärten draussen zu halten. Ja, was übersetzte denn das Ibo-Neue-Testament? „Sie waren wie Kinder der Geisterwelt.“ Das ist ihr idiomatischer Ausdruck für verwaiste Kinder, deren Eltern gestorben sind (in der Geisterwelt sind).

Wir haben es bei der Übersetzung der Heiligen Schrift also mit ganz schwierigen Problemen zu tun. Das Übersetzen ist eine durchaus komplizierte Sache, und wir sollten Gott danken für alle die, welche sich abmühen, uns gute Übersetzungen zu geben. Weil nun aber so verschieden übersetzt werden kann, ist es beim Bibelstudium ratsam, dass man mehrere Übersetzungen zur Hand hat. Man sollte sich auch hüten, wichtige Lehren aufgrund einer einzigen Übersetzung aufzubauen. Man vergleiche einige Übersetzungen und sollte, wenn möglich, auf den Urtext achten.

4

Wörter und Satzbau

Die heiligen Schriften des Alten und Neuen Testaments enthalten das Zeugnis der Propheten und Apostel, die vom Heiligen Geist inspiriert wurden, Gottes Offenbarungen niederzuschreiben. Die Inspiration des Geistes hat aber die Persönlichkeit des einzelnen Schreibers nicht ausgelöscht; jeder hat seinen ganz besonderen Stil und Wortschatz. Die Schreiber haben außerdem verschiedene Leserkreise im Auge, wie auch deren besondere Interessen und Anliegen.

Unsere Aufgabe als Bibelleser ist es, diese literarischen Schriftstücke, Gottes Botschaften, richtig zu erklären und anzuwenden sowie auch zu verkündigen. Wir haben es bei der biblischen Hermeneutik mit Literatur zu tun, und das heißt: wir müssen auf den Satzbau achten, um die Worte zu verstehen.

4.1 Biblische Wörter

Vor allen Dingen gilt es beim Bibellesen zwischen Hauptworten, die theologisch schwerwiegend sind, und Worten, die weniger bedeutend sind, zu unterscheiden. Wenn jemand sich die Mühe macht und aufzählen will, wie oft das Wort „und“ in der Bibel vorkommt, wird er dabei nicht viel gewinnen. Zudem kommt dieses Bindewort im Hebräischen sehr viel öfter vor als in irgend einer deutschen Übersetzung, denn die hebräische Sprache ist parataktisch, d.h. man verbindet Hauptsätze ständig mit „und“.

Im ersten Kapitel der Bibel kommt „und“ 35-mal vor, und gute Übersetzungen lassen dieses Bindewort vielfach fallen. Wenn wir dagegen Worte wie Gnade, Friede, Erlösung und Buße vor uns haben, gilt es sorgfältig den Sinn dieser Schlüsselworte zu ergründen.

Theologie ist zum großen Teil Philologie, und zwar im ursprünglichen Sinn des Wortes, nämlich „Liebe zum Wort“. Nathan Söderblom aus Schweden hat einmal gesagt: „Die Philologie ist das Nadelöhr, durch welches das theologische Kamel ins Himmelreich eingeht.“

Wenn wir nach dem Gebrauch und dem Sinn wichtiger biblischer Worte fragen, dann gilt es vor allen Dingen nach dem Sinn der hebräischen und griechischen Worte, die hinter den deutschen liegen, zu fragen. Deshalb ist es wichtig für Leser, die nicht mit den Ursprachen der Bibel vertraut sind, dass sie ein biblisches Lexikon zur Hand haben. Ein deutsches Wörterbuch definiert nur die deutschen Worte, aber es sagt uns nicht, was die hebräischen und griechischen Worte, die hinter den deutschen stehen, bedeuten. Wenn man z.B. über das Wort „Friede“ eine Bibelarbeit machen will, dann hilft es wenig, wenn man zum großen Duden greift. Man muss das Wort in einem biblischen Lexikon nachschlagen.

Auch muss man stets bedenken, dass hinter den griechischen Worten des Neuen Testaments oft bedeutende hebräische Wörter stehen. Im Griechischen mag das Wort *ginosko* (kennen, wissen) ein recht intellektueller Begriff sein, aber als Übersetzung des hebräischen *yada'* wird es zu einem warmen Begriff. Z.B. Adam „erkannte“ seine Frau und sie gebar ihm einen Sohn (1Mo 4,1), d.h. sie hatten ehelichen Verkehr. Vom leidenden Gottesknecht heißt es, dass er Krankheit „kannte“ (Jes 53,3), d.h. er hat sie erlebt, erfahren. Dann können wir auch besser verstehen, was es bedeutet, Gott zu erkennen. „Das ist aber das ewige Leben, dass sie dich, der du allein wahrer Gott bist, und den du gesandt hast, Jesus Christus, erkennen“ (Joh 17,3), d.h. erleben, erfahren. Gerettet werden, heißt zur Erkenntnis der Wahrheit kommen (1Tim 2,4). Wenn Erkenntnis im hebräischen Sinne verstanden wird, dann geht es um das persönliche Erleben, das Annehmen der göttlichen Wahrheit, die uns im Evangelium geschenkt wird.

Weil nun die biblischen Worte in verschiedenen Zusammenhängen gebraucht werden, ist es hilfreich, wenn man auch eine biblische Konkordanz benutzt, in welcher alle Schriftstellen, in denen dieses gewisse Wort vorkommt, aufgereiht sind. Jede Übersetzung der Bibel erfordert eine neue Konkordanz. Auch bei einer Konkordanz ist es von Vorteil, wenn die hebräischen und griechischen Worte, die hinter den deutschen stehen, angegeben werden.

Man kann mitunter ganz erbauliche Bibelarbeiten machen, indem man all die Texte erklärt, in welchen ein gewisses Wort vorkommt. Natürlich geht das nicht, wenn ein Wort einige Dutzende Male erscheint. Da haben wir z.B. das Wort „kaufen“ (*agorazo*). Das finden wir zunächst in 1.Korinther 6,20: „Denn ihr seid teuer erkauft; darum so preist Gott an eurem Leibe.“ In 1.Korinther 7,23 steht dieses Wort in einem anderen Zusammenhang: „Ihr seid teuer erkauft; werdet nicht der Menschen Knechte.“ Ganz anders steht die Sache in 2.Petr 2,1, wo von Menschen die Rede ist, die den

Herrn, der sie erkauft hat, verleugnen. Schließlich kommt das Wort im letzten Buch der Bibel vor: „Denn du bist erwürgt und hast mit deinem Blut für Gott erkauft Menschen aus allen Geschlechtern und Sprachen und Völkern und Nationen“ (5,9). Und zuletzt wird von den Nachfolgern des Lammes gesagt, dass sie von der Erde erkauft worden sind (14,3): und „sind erkauft aus den Menschen zu Erstlingen Gott und dem Lamm“ (14,4). So kann ein Wort uns die Bausteine zu einer Predigt oder Bibelarbeit geben.

Eine Gefahr beim Verfolgen von wichtigen Worten in der Bibel ist, dass man sich eine statistische Bibelerkenntnis aneignet, statt eine biblisch-theologische. Andererseits ist Statistik nicht ganz unbedeutend. Wenn z.B. das Wort „Menschensohn“ 81-mal in den Evangelien vorkommt und sonst nur noch ein einziges mal in Apg 7,56, dann ist das theologisch wichtig. Warum hat die Urgemeinde diesen christologischen Titel nicht weiter geführt? Oder, wenn in den Evangelien fast ausschließlich vom Reich Gottes (oder Himmelreich) die Rede ist, während bei Paulus die Gemeinde (*ekklesia*) fast als Ersatz für *basileia* (Reich, Herrschaft) erscheint, haben wir es mit einer wichtigen biblischen Frage zu tun. Warum z.B. verschwindet das Wort „Jünger“ (*mathetes*) in den Briefen, während es doch in den Evangelien, und auch noch z.T. in der Apostelgeschichte, ständig für die Nachfolger Jesu gebraucht wird?

Wenn ein Wort immer wieder bei einem gewissen biblischen Schreiber vorkommt, dann hat das mitunter nur mit dem Stil des Schreibers zu tun; z.B. kommt bei Markus das Wort *euthus* (sofort) etwa 43-mal vor. Das zeigt: bei ihm geht's um ‚Aktion‘. Theologisch mag das aber nicht so wichtig sein. Ganz anders aber steht die Sache, wenn in der Offenbarung das Wort *arnion* (Lämmlein) 29-mal vorkommt (28-mal für Christus und einmal für das Tier, welches sich wie ein Lämmlein darstellt). Oder, wenn das Wort *charisma* bei Paulus 16-mal vorkommt und sonst nirgends im Neuen Testament (außer einer Stelle in Petrus: 1Petr 4,10), dann spricht das von einem besonderen theologischen Interesse bei Paulus.

Man darf sich aber beim Untersuchen biblischer Wörter nicht in Kleinigkeitskramereien verlieren. Jüdische Rabbiner zählten die Buchstaben auf jedem Blatt der Heiligen Schrift. Sie wussten, welches das mittlere Wort in den 5 Büchern Mose war. Aber Jesus musste ihnen sagen: „Ihr sucht in der Schrift und sie ist es, die von mir zeugt; und ihr wollt nicht zu mir kommen, dass ihr das ewig Leben hättet“ (Joh 5,39-40).

Mitunter hilft uns die Etymologie eines biblischen Wortes den

Sinn desselben zu erfassen. Das ist übrigens nur dann von Bedeutung, wenn man die hebräischen oder griechischen Wörter der Wurzel nach untersucht. Der Heilige Geist z.B. wird als *parakletos* bezeichnet. Der Etymologie nach bedeutet dieses Wort „zur Seite (*para*) rufen (*kaleo*)“. Wenn man dann fragt: ‚wozu?‘, kann man sagen: ‚um zu trösten, zu helfen, zu warnen, zu ermahnen, zu ermutigen, zu verteidigen‘. So schließt die Kenntnis der Wurzel dieses zusammengesetzten Wortes uns den Sinn desselben auf.

Etymologie allein ist jedoch noch nicht ausschlaggebend. Man muss auch fragen, wie ein Wort gebraucht wird. In 1.Korinther 4,1 schreibt Paulus: „Dafür halte uns jedermann: Für Christi Diener und Haushalter.“ Das Wort „Diener“ ist im Griechischen *hyperetes*. *Hypo* bedeutet „unter“, und *erreso* bedeutet „rudern“. In der alten Welt bezeichnete dieses Wort den Rudersklaven, der tief unten im Schiff saß. Mit der Zeit jedoch vergaß man die Etymologie, und daher kann man dieses Wort kaum von den anderen neutestamentlichen Worten für „Diener“ unterscheiden.

Auch gewinnen Wörter durch langen Gebrauch mitunter andere Nuancen und Bedeutungen. Paulus spricht z.B. von dem Heiligen Geist als *arrabon* (Eph 1,14), „Unterpfand“. Dieses Wort bedeutete zur Zeit des Paulus „Anzahlung“. Der Geist ist Gottes Anzahlung; das Übrige kommt im Jenseits. Aber auch dieses Wort *arrabon* wurde mit der Zeit für den Trauring gebraucht.

Recht viele biblische Wörter sind im vergangenen Jahrhundert durch die Entdeckung von nicht-christlichen Papyrus-Schriften erhellt worden. Diese Schriften kommen aus derselben Zeit wie die Bücher des Neuen Testaments, und wenn man sieht, wie gewisse Wörter in der Umwelt der Apostel gebraucht wurden, versteht man auch besser, was sie im Neuen Testament bedeuten. In dem Gleichnis vom Verlorenen Sohn (Lk 15) ist bei Bibellesern schon oft die Frage aufgestiegen: Wie konnte der jüngere Sohn seinen Teil des Vermögens (der damals aus Herden, Land oder Kleidern bestand) zusammen sammeln und übers Land ziehen? Durch das Studium der Papyrus-Schriften hat man herausgefunden, dass das Wort für „zusammenraffen“ (*synago*) auch noch eine andere Bedeutung hat, nämlich: „in Geld umwechseln“. So übersetzt es auch die *New English Bible*: Eines Tages wechselte er alles in Bargeld um und zog ferne übers Land. Dadurch wird die Frage eigentlich beantwortet.

Worte müssen aber immer im Zusammenhang erklärt werden. Und weil ein Wort in verschiedenen Zusammenhängen vorkommt, kann es auch verschieden übersetzt werden. Das hebräische Wort *chesed* (Bundestreue) wird in der Septuaginta (die griechische Übersetzung des Alten Testaments) mit 13 verschiedenen griechischen Worten übersetzt, je nach dem Kontext (das Wort „Kontext" kommt vom Lateinischen und bedeutet „zusammenweben").

Dass der Kontext den Sinn eines Wortes bestimmt, kann man am Besten an Illustrationen erkennen. Nehmen wir z.B. das Wort „Geist" (*pneuma*). „Durch Beweisung des **Geistes** und der Kraft" (1Kor 2,4); „Als nur der **Geist** im Menschen" (1Kor 2,11); „Wir haben nicht den **Geist** der Welt" (1Kor 2,12); „Soll ich mit dem Stock zu euch kommen oder in Liebe mit sanftmütigem **Geist**" (1Kor 4,21); „Damit sein **Geist** gerettet würde am Tage des Herrn" (1Kor 5,5); „Ich will beten im **Geist** und will beten mit dem Verstand" (1Kor 14,15). All diese Ausdrücke kommen aus dem ersten Brief des Paulus an die Korinther, aber in jedem Satz steht das Wort ‚Geist' in einem anderen Sinn.

Oder nehmen wir das Wort „Fleisch" (*sarx*): „Ich besprach mich nicht mit **Fleisch** und Blut" (Gal 1,16); „Was ich jetzt lebe im **Fleisch**, lebe ich im Glauben an den Sohn Gottes" (Gal 2,20); „Das **Fleisch** gelüstet wider den Geist" (Gal 5,17); „Offenbar aber sind die Werke des **Fleisches**" (Gal 5,19); „Auf dass sie sich von eurem **Fleisch** rühmen mögen" (Gal 6,13). In diesen Texten aus dem Galaterbrief hat das Wort „Fleisch" längst nicht immer denselben Sinn. Wenn man hier z.B. zwischen ‚Fleisch' im Sinne von „Leib" (Gal 2,20) und ‚Fleisch' im Sinne von „böser Macht" (Gal 5,19) keinen Unterschied macht, kommt man in große Schwierigkeiten. Das Wort „Fleisch" kann im neutralen Sinn für den ‚Leib' oder auch für die ‚Menschheit im Allgemeinen' gebraucht werden („Alles Fleisch wird den Heiland Gottes sehen." Lk 3,6). Auch wird ‚Fleisch' für den Geschlechtstrieb gebraucht. Gottes Kinder sind nicht vom „Willen des Fleisches", sondern von Gott geboren (Joh 1,12). Es kann also einen neutralen wie auch einen negativen Sinn haben.

Und das ist auch bestimmt der Fall bei dem Gebrauch des Wortes „Welt" (*kosmos*). Es kann „Universum" bedeuten (Joh 16,5), oder die „Menschheit" (Joh 3,16), oder „irdischer Besitz" (1Tim 6,7), oder „Schmuck" (1Petr 3,3), oder „das irdische Leben" (1Kor 7,31), oder auch „weltliches Denken und Treiben" (1Joh 2,15). Es macht doch einen riesigen Unterschied, ob das Wort „Welt" geographisch, anthropologisch oder ethisch gebraucht wird.

Auch gilt es auf die geschichtliche Entwicklung gewisser Wörter zu achten. Das Wort „Gemeinde“ (*ekklesia*) wird oft nur seiner Etymologie nach definiert, und bedeutet in dem Fall „heraus (*ek*) gerufen (*kaleo*)“. Aufgrund dieser Etymologie wird dann mitunter die Absonderung der Gemeinde von der Welt betont. Das ist schon eine berechtigte Betonung, aber damit hat man das Wort „Gemeinde“ noch nicht richtig erfasst. Dieses Wort hatte im alten Griechentum den Sinn von „Volksversammlung“, „Bürgerversammlung“. In diesem nicht-christlichen Sinn wird es noch in Apostelgeschichte 19,39-40 gebraucht, wo der Kanzler der Stadt Ephesus die unruhige Volksmenge ermahnt, ihre Frage in einer ordentlichen *ekklesia* (Bürgerversammlung) zu besprechen.

Das Wort *ekklesia* hat jedoch nicht nur im alten Griechentum einen wichtigen Platz, sondern auch im Judentum. Immer wieder wird in der Septuaginta das hebräische Wort *Qahal* (Versammlung) mit *ekklesia* übersetzt. Und dadurch wird es zu einem Wort, welches die Versammlung des Volkes Gottes bezeichnet. Diese Bezeichnung für das alttestamentliche Israel wurde dann von den Aposteln auf das neue Gottesvolk, welches am Pfingsttage ins Leben gerufen wurde, übertragen. Eigentlich bedeutet *ekklesia* dasselbe wie *synagoge* (Versammlung); mit der Zeit jedoch, als die Trennung zwischen Christentum und Judentum klarer wurde, hielten Christen an *ekklesia* als Bezeichnung für ihre Versammlungen fest, während die Versammlungen der Juden *synagoge* hießen. Übrigens gebraucht Jakobus noch das Wort Synagoge für eine christliche Versammlung (2,2).

Ein Wort, das immer wieder für das Kommen des Herrn am Ende dieses Zeitalters gebraucht wird, ist *parousia*. Der Etymologie nach bedeutet es einfach „gegenwärtig sein“. Gebraucht wird es allgemein für „Ankunft“, und zwar im nicht-religiösen Sinne. Paulus freut sich z.B. über die Ankunft des Titus (seine *parousia*). Jedoch war *parousia* zur Zeit des Paulus auch ein Fachwort für den königlichen Besuch eines Herrschers. In einer alten Papyrus-Schrift lesen wir: „Lasst uns emsig arbeiten und die Stadt säubern, denn die *parousia* des Kaisers ist nahe.“ Die biblischen Schreiber nehmen dieses bekannte nicht-christliche Wort und füllen es mit neuem Inhalt. Es wird also als Bezeichnung für die Ankunft des Königs aller Könige am Ende der Zeit gebraucht. Die Etymologie, der Zusammenhang und der Gebrauch des Wortes in der Umwelt der Bibel müssen beachtet werden, wenn man die richtige Bedeutung des Wortes erfassen will.

Auch muss man auf den Bedeutungsrahmen eines Wortes achten. Wenn z.B. das Wort „alle" vorkommt, meint der Schreiber nicht unbedingt jede Person. „Und es ging zu ihm hinaus das ganze jüdische Land und *alle* Leute von Jerusalem und ließen sich von ihm im Jordan taufen" (Mark 1,5). Aber wir wissen, dass nicht alle Leute in Jerusalem sich taufen ließen. Laut Matthäus 8,16 machte Jesus „alle" gesund. Aber Markus sagt, dass er „vielen" Kranken half (1,34). Im semitischen Sprachgebrauch sind „alle" und „viele" oft vertauschbar. In Markus 10,45 heißt es, dass Jesus sein Leben zur Erlösung für „viele" geben wird. „Das ist mein Blut des neuen Testaments, das für viele vergossen wird" (Mark 14,24). In diesen beiden Texten wird „viele" im Sinn von „alle" gebraucht.

Es ist also von großer Bedeutung, wenn wir Gottes Wort richtig verstehen wollen, dass wir uns über den Sinn und den Gebrauch biblischer Worte informieren. Aber, wie schon gesagt, ein Wort kann eigentlich nur im Zusammenhang mit anderen Worten richtig verstanden werden, und daher müssen wir beim Bibelstudium auch sorgfältig auf den Satzbau achtgeben.

4.2 Biblischer Satzbau

‚Grammatik', sagte Martin Luther, ‚ist die Dienstmagd der Theologie'. Weil die Bibel Literatur ist, haben wir es bei der Hermeneutik auch ständig mit der Grammatik zu tun. Wenn wir nun vom biblischen Satzbau sprechen, dann meinen wir nicht, dass das biblische Hebräisch (und Griechisch) einen anderen Satzbau hat als im damaligen täglichen Leben. Wir wollen nur darauf hinweisen, dass die hebräische Sprache einen anderen Satzbau hat als die griechische, und dass beide Sprachen sich vom Satzbau der deutschen Sprache unterscheiden, wenn auch die griechische Sprache zu der Indogermanischen Sprachfamilie gehört.

Biblische Sätze müssen genau so sorgfältig analysiert werden, wie wir es mit den Sätzen in irgend einem Schriftstück machen würden. Weil die meisten Bibelleser die Heilige Schrift in Übersetzung lesen, werden sie gut tun, einige Übersetzungen zur Hand zu haben.

Beim Satzbau gilt es einmal auf Bindewörter zu achten (und, aber, darum, damit usw.). In Galater 4,13 heißt es bei Luther: „Ihr wisst doch, dass ich euch *in* Schwachheit des Leibes das Evangelium gepredigt habe." Aber das Vorwort „in" ist im Griechischen *dia* im Akkusativ und bedeutet „wegen". Das gibt dem Satz einen anderen Sinn. Jedenfalls war Paulus an der Südküste Kleinasiens erkrankt und entschloss sich dann zusammen mit Barnabas ins galatische Hochland zu reisen. „Wegen“ Schwachheit des Leibes kam er zu den Galatern und predige ihnen das Evangelium. Mit dem Genitiv jedoch bedeutet *dia* oft „durch“ oder „mittels“. „Wir sehen jetzt *durch* einen Spiegel“ (1Kor 13,12) bedeutet, dass wir „mittels“ eines Spiegels in einen rätselhaften Umriss schauen. Aber wenn Paulus schreibt, dass die christliche Frau „durch“ (im Sinn von „mittels“) Kindergebären wird gerettet werden, dann muss man sich fragen, ob man das Vorwort richtig verstanden hat. Mitunter wird das Vorwort *dia* gebraucht, um den begleitenden Umstand anzudeuten. Die christliche Frau soll also wissen, dass sie in ihrer Heilserfahrung nicht den Kürzeren ziehen wird, wenn sie Mutter wird.

Was beim Satzbau ganz besonders wichtig ist, ist, dass man die Zeitformen der Zeitwörter beachtet. „Werdet voll Geistes“ (Eph 5,18) ist einmal Imperativ, Befehl, Ermahnung, und zwar in der Gegenwartsform. Man könnte also übersetzen: „Werdet ständig voll Geistes“. Dadurch wird die Lehre von der einmaligen „Erfüllung“ mit dem Geist, bzw. eine zweite Heilserfahrung, in Frage gestellt. Wenn Johannes betont, dass die, welche in Christus bleiben, nicht sündigen (1Joh 3,6), dann ist die Zeitform durchaus wichtig. Er sagt, wer in der Sünde fortfährt, in der Sünde lebt (die Zeitform ist Gegenwart). Wenn dem nicht so wäre, dann hätten wir hier einen Widerspruch, denn Johannes sagte schon in Kapitel 1: „Wenn wir sagen, wir haben keine Sünde, so verführen wir uns selbst.“

Jesu Siegesruf am Kreuz: „Es ist vollbracht!“, steht im Griechischen in der vollendeten Gegenwart (Perfekt). Das bedeutet, dass Jesus sein Werk vollendet hat, aber noch zusätzlich, dass dieses vollbrachte Werk bleibende Konsequenzen nach sich zieht. Die heilsamen Folgen seines Erlösungswerkes wuchern weiter.

Das Evangelium hat es grundsätzlich mit unserer Rettung von der Macht der Sünde und des Todes zu tun. Aber das Zeitwort „retten“ (*sozo*) erscheint in verschiedenen Zeitformen, und dadurch wird die Lehre von unserer Errettung durch Christus vertieft und erweitert. Ich illustriere: „Als aber erschien die Freundlichkeit und Leutseligkeit Gottes, unseres Heilands, rettete er uns“ (Tit 3,4). Hier haben wir den Aorist (vergangene Tat). „Denn aus Gnade seid ihr gerettet worden“ (Eph 2,8). In diesem Vers erscheint das Zeitwort im Perfekt (vollendete Gegenwart), und hat zusätzlich den Sinn, dass die Rettung dauernde Folgen mit sich bringt. Ganz anders steht die Sache, wenn die Gegenwart gebraucht wird, wie wir es in 1Kor 1,18 finden: „Uns aber, die wir gerettet werden" (also, die Rettung geht noch immer vor sich). Auch die Zukunft wird gebraucht: „Werden wir gerettet werden durch sein Leben" (Röm 5,10). Also ist unsere Heilserfahrung hier auf der Erde noch nicht komplett; in der Vollendung erleben wir sie noch tiefer als hier auf der Erde.

Wir können hier nicht alle möglichen Satzteile durch Illustrationen beleuchten, aber wenn wir Gottes Wort richtig lesen wollen, gilt es, die Verben und Substantive, Eigenschafts- und Bindeworte, Vor- , Für- und Umstandsworte sorgfältig zu prüfen.

5

Die Bildersprache der Bibel

Für einige Bibelleser ist schon das Wort „Bildersprache“ beunruhigend. Gottes Wort, so sagen sie, muss man doch buchstäblich auslegen, anwenden und akzeptieren. Von einem frommen Bibelleser wird gesagt, dass er darauf bestand, dass wenn Paulus in 1.Korinther 3 von Holz, Heu und Stoppeln sprach, dann meinte er Holz, Heu und Stoppel. Er fügte dann noch hinzu, dass er sich des Evangeliums nicht schäme. Aber auf dem Wege kommen wir nicht von der Stelle. Wenn die biblischen Schreiber Bildersprache gebrauchen, ist es unsere Aufgabe zu entdecken, was sie mit diesen Bildern sagen wollten. Und nur dann können wir die „buchstäblichen“ Wahrheiten, die in diesen Bildern liegen, anwenden.

Auf dieser Linie ist schon viel Törichtes, sogar Tragisches geschehen. Man erzählt von einigen Wiedertäufern im 16. Jahrhundert, die Jesu Wort: „was euch gesagt wird in das Ohr, das predigt auf den Dächern“ (Mt 10,27) buchstäblich ausführten. Sie stiegen auf die Dächer und predigten. Der berühmte Kirchenvater Origenes führte Jesu Ermahnung, das rechte Auge auszureißen und die rechte Hand abzuhauen, wenn sie dem Menschen zum Fall gereichen, buchstäblich aus und entmannte sich, um den sexuellen Trieb zu überwinden. Es gibt also viel Problematisches, wenn man die Bildersprache der Bibel nicht ernst nimmt.

In einigen Bibelübersetzungen der Gegenwart hat man versucht, die Bildersprache der Bibel so weit wie möglich zu meiden, um es denen zu erleichtern, die mit Literatur im allgemeinen nicht so gut bekannt sind. Ich illustriere. In der englischen *Good News Bible* ist Galater 2,9, wo einige Apostel als „Säulen“ bezeichnet werden, so übersetzt worden: „Die als Leiter galten.“ Damit hat man die Bildersprache erklärt. *Die Gute Nachricht* versucht ähnliches zu tun. Luther gibt Lukas 13,1 so wieder: „..., deren Blut Pilatus mit ihrem Opfer vermischt hatte.“ *Die Gute Nachricht* übersetzte: „..., die Pilatus töten ließ, als sie gerade im Tempel Opfer darbrachten.“ Wenn Paulus an die Korinther schreibt, dass ihm in Ephesus eine „große Tür“ aufgetan ist, haben wir Bildersprache. *Die Gute Nachricht* hat einfach die Erklärung des Bildes wiedergegeben: „Hier haben sich mir große Möglichkeiten für ein erfolgreiches Wirken eröffnet“ (1Kor 16,9).

Wenn man mit kleinen Kindern umgeht, darf man nicht zuviel Bildersprache gebrauchen. Professor Helmut Thielicke erzählt, wie er sich als kleiner Knabe gefürchtet hatte, zum ersten Mal zum Kindergarten zu gehen. In seinem Denken war das ein Garten, wo Kinder in die Erde gepflanzt und dann begossen wurden, damit sie wachsen sollten. Also kann Buchstäblichkeit recht viele Schmerzen bereiten.

Die Bildersprache der Bibel ist zum Teil von der Umwelt der Schreiber bestimmt worden. Gottes Verheißung durch Jesaja heißt: „Wenn eure Sünden gleich blutrot sind, sollen sie doch weiß werden wie Schnee" (1,18). Hätten Schreiber und Leser den Schnee nicht gekannt, so hätte er dieses Bild womöglich nicht gebraucht. Es gibt Übersetzungen für Christen, die in wüsten Gegenden wohnen, wo es nie schneit. Für diese Leser hat man „weiß wie Schnee" mit „weiß wie Sand" übersetzt. Man kann das Wort des erhöhten Christus an Saulus, „es tut weh, gegen den Stachel zu löcken", schwer verstehen, wenn man nicht mit der Landwirtschaft im alten Palästina vertraut ist. Es ist das Bild von einem Ochsen oder Esel, der gegen den Stachel, mit welchem man Zugtiere antrieb, ausschlägt.

Es gibt nun aber recht viele Arten von Bildersprache in der Heiligen Schrift, und wir wollen einige dieser Arten illustrieren.

5.1 Der Vergleich

A. Der indirekte Vergleich

Bei diesem Vergleich wird in der Regel das Wörtchen „wie" gebraucht. Die Tochter Zion „ist wie ein Häuslein im Weinberge, eine Nachthütte in den Kürbisgärten, wie eine verheerte Stadt" (Jes 1,8). Da haben wir drei indirekte Vergleiche in einem Satz. „Israel läuft wie eine tolle Kuh" (Hos 4,16). „Ich bin für Ephraim wie eine Motte und für das Haus Israel wie eine Made" (Hos 5,12). „Eure Liebe ist wie eine Morgenwolke und wie der Tau, der frühmorgens vergeht" (Hos 6,4). „Israel ist wie ein Kuchen, den niemand umwendet" (Hos 7,8). Der Prophet Hosea ist ganz besonders reich an Bildersprache.

Jesus sagte: „Ich sende euch wie Lämmer unter die Wölfe" (Lk 10,3). „Seid klug wie die Schlangen und ohne Falsch wie die Tauben" (Mt 10,16). „Wie der Blitz vom Himmel kommt ... so wird das Kommen des Menschensohnes sein" (Mt 24,27). „Der Tag des Herrn wird kommen wie ein Dieb in der Nacht" (1Thess 5,2). „Dann wird sie das Verderben schnell überfallen gleichwie der

Schmerz ein schwangeres Weib“ (1Thess 5,3). Satan „geht umher wie ein brüllender Löwe“ (1Petr 5,8).

Bei indirekten Vergleichen muss man natürlich vorsichtig sein, dass man das Bild richtig versteht. Wenn der Psalmist das friedliche Beisammensein von Brüdern mit dem Öl vergleicht, das in Aarons Bart floss (Psalm 133,2), dann hat er den lieblichen Geruch der Salbe im Sinn, nicht aber, dass die Salbe schmierig ist, oder dass der Bart so schön aussieht. Auch kann man dieses Bild überhaupt nicht verstehen, wenn uns Israels Kultur unbekannt ist.

B. Der direkte Vergleich

Diesen Vergleich nennt man „Metapher“ (d.h. ein übertragener Ausdruck). Solche direkten Vergleiche sind auch von der jeweiligen Kultur bestimmt und die folgende Generation kann diese Vergleiche oft schwer verstehen. Die ehemalige britische Premierministerin Margaret Thatcher war in Deutschland auch als die *Iron Lady* bekannt. Ob diese Bezeichnung nach dreissig Jahren noch bekannt sein wird, ist zweifelhaft. Das muss man auch bedenken, wenn man die Vergleiche, die von den biblischen Schreibern in ihrer Zeit gemacht wurden, versucht zu verstehen.

Der Prophet Jeremia bekommt die Zusicherung: „Ich will dich heute zur festen Stadt, zur eisernen Säule, zur ehernen Mauer machen“ (1,18). Jesaja verkündet Gottes Wort: „Alles Fleisch ist Gras und alle seine Güte ist wie eine Blume auf dem Feld“ (40,6). In diesem Satz haben wir einen direkten wie auch einen indirekten Vergleich. Der Psalmist sagt: „Die Stimme des Herrn sprüht Feuerflammen“ (29,7). Der Ausleger muss sich bemühen, diese Bilder richtig zu erklären.

Jesus bediente sich häufig der Metapher. Er nennt seine Nachfolger „Salz der Erde“ und „Licht der Welt“ (Mt 5,13-14). Sie heißen auch „kleine Herde“ (Lk 12,32). Den Herodes Antipas nannte Jesus einen „Fuchs“ (Lk 13,32). Nicht weil er Vierfüßler war, sondern weil er schlau und tückisch war. Johannes der Täufer nannte die Pharisäer und Sadduzäer, die für die Botschaft vom kommenden Gottesreich verschlossen blieben, „Otterngezücht“ (Mt 3,7).

Den neutestamentlichen Gemeindebegriff kann man nicht erfassen, wenn man die reiche Bildersprache nicht ernst nimmt. Die Gemeinde wird als Leib, Tempel, Familie, Haus, königliches Priestertum, zwölf Stämme, auserwählte Rasse, Abrahams Kinder, Herde, neue Schöpfung, Braut u.v.a. Bilder dargestellt. Immer wieder fallen Bibelforscher in Versuchung, ein Bild von den vielen herauszugreifen und das zum Modell für das heutige Gemeindebild zu machen.

Der Apostel Paulus ist recht schöpferisch in dem Gebrauch der Metapher. Er zieht, z.B. Bilder aus der Landwirtschaft heran: „Ich habe gepflanzt, Apollos hat begossen; aber Gott hat das Gedeihen gegeben“ (1Kor 3,6). Auch Bilder aus dem Militär zieht er heran: „Und wenn jemand auch kämpft, wird er doch nicht gekrönt, er kämpfe denn recht“ (2Tim 2,5). „Die Waffen, mit denen wir kämpfen, sind nicht fleischlich“ (2Kor 10,4). Er spricht vom Helm des Heils, vom Panzer des Glaubens. In Epheser 6 haben wir die Waffenrüstung der Gläubigen.

Auch aus dem Gebiet der Architektur gebraucht er Bilder. Er nennt sich Baumeister (*architektos*) (1Kor 3,10), der den Grund gelegt hat; andere bauen darauf. Er spricht von einem Bau von Gott erbaut, „ein Haus nicht mit Händen gemacht, das ewig ist im Himmel“ (2Kor 5,1). „Auf welchem der ganze Bau ineinandergefügt wächst, zu einem heiligen Tempel in dem Herrn“ (Eph 2,21).

Das Sportlerleben liefert ihm auch manche Bilder: „Ich laufe aber so, nicht als aufs Ungewisse, ich fechte so, nicht als der in die Luft schlägt“ (1Kor 9,26). „Ihr liefet fein. Wer hat euch aufgehalten, der Wahrheit nicht zu gehorchen?“ (Gal 5,7). „Ich jage nach dem vorgesteckten Ziel, nach dem Kleinod der himmlischen Berufung“ (Phil 3,14).

Auch verwendet Paulus Bilder aus dem Bereich der Justiz. Die bekannte Lehre von der Rechtfertigung durch den Glauben ist juridische Bildersprache. Paulus spricht auch von dem Richterstuhl Christi (2Kor 5,10). Er hat recht viel über das Endgericht, über die Gottlosen zu sagen. Oft gebraucht er politische Ausdrücke: „Unser Bürgerrecht ist im Himmel“ (Phil 3,20). Wir haben bereits das Wort *parousia* (Ankunft) besprochen, welches zur Zeit des Paulus für den kaiserlichen Besuch gebraucht wurde, also ein Bild aus der Politik.

Recht viele Bilder kommen bei Paulus aus dem Sozialleben, z.B. die Sklaverei. Christen werden *douloi* (Sklaven) Jesu Christi genannt. Sie sind teuer erkauft worden (1Kor 6,19) – ein Bild für die Loskaufung eines Sklaven. Auch die Schiffswelt bietet dem Apostel manche Bilder an. Er weiß von Menschen, die im Glauben Schiffbruch erlitten haben (1Tim 1,19). Die Gabe der Gemeindeleitung heißt *kybernesis* (1Kor 12,28). (Der *kybernetes* war der Kapitän, der Steuermann eines Schiffes.) Zuletzt muss auch noch das große Gebiet des religiösen Kults genannt werden. Blut, Opfer, süßer Geruch und viele andere Bilder aus diesem Gebiet illustrieren die großen Heilswahrheiten.

Wenn die biblischen Schreiber von Gott sprechen, gebrauchen

sie oft die Bildersprache. Gott ist Vater; er ist Fels; er ist Retter; er ist Kriegsmann; er ist Israels Ehemann. Wenn von Gottes Hand, seinem Auge, seinem Arm, seinen Füßen, seinem Mund gesprochen wird, nennt man diese Bildersprache ANTHROPOMORPHISMEN. Und wenn Gottes Gefühle beschrieben werden – sein Zorn, seine Reue, sein Schmerz, seine Eifersucht – nennt man das ANTHROPOPATHISMEN. Christus ist der leidende Gottesknecht, er ist König; er ist Herr; er ist das Lamm Gottes, die Wurzel und das Geschlecht Davids, der helle Morgenstern, u.v.a.

Der direkte Vergleich, die Metapher, wie auch der indirekte setzt voraus, dass die Leser mit den Bildern, die der Schreiber gebraucht, vertraut sind. Manch biblischen Bilder sind dem Leser des 20. Jahrhunderts fremd. Was will Paulus z.B. sagen, wenn er seine Leser zur Feindesliebe anhält, mit der Ermutigung: „So wirst du feurige Kohlen auf seine Haut sammeln“ (Röm 12,20) – ein Zitat aus Sprüche 25,22. Ist das nicht eher ein Bild für Rache, die Paulus gerade verurteilt hat? Der Kontext aber lehrt uns etwas anderes. Einige Ausleger meinen, es sei ein Bild für Scham. Wenn man den Feind tränkt und speist, wird er sich schämen, dass er uns Böses getan hat. Nun will man aber auch von einem ägyptischen Ritual wissen, in welchem dieses ein Bild für die Versöhnung ist. Dem Übeltäter tut es leid und er kommt dem Unschuldigen, der ihm Gutes getan hat, mit feurigen Kohlen in einem Behälter, den er auf dem Kopf trägt, entgegen. Das scheint eine sinnvolle Erklärung der Bildersprache dieses Textes zu sein.

5.2 Die Metonymie

So nennt man die Begriffsvertauschung, die Umbenennung, den Namenswechsel. Wenn wir heute am Radio hören: „das Weiße Haus macht bekannt,“ „Bonn hat ein Gesetz erlassen“, „der Vatikan berichtet“, dann versteht es sich von selbst, dass gewisse Personen gemeint sind, nicht Häuser oder Städte.

In der ganzen Welt beten Christen täglich: „Gib uns unser täglich Brot“, aber sie meinen nicht immer Brot aus Getreidemehl gebacken. Der Chulupi-Indianer im paraguayischen Chaco meint womöglich „Süßkartoffeln“; der Chinese denkt jedenfalls an Reis. „Brot“ steht durch Metonymie für die tägliche Nahrung und schließt noch viele andere Nahrungsmittel mit ein.

„Ich werde ihm die Schlüssel des Hauses David geben“ (Jes 22,22), bedeutet, dass er Vollmacht über das Haus (und Haus steht für Menschen) haben wird. Wenn es heißt, dass siebzig „Seelen" nach Ägypten zogen, dann schließt das ihre Leiber mit ein, denn Seelen steht hier für Personen (2Mo 1,5).

Wenn es im Gleichnis heißt „Sie haben Mose und die Propheten", darf man das selbstverständlich nicht buchstäblich nehmen, denn diese waren längst tot. Was gemeint ist, ist, dass sie die Heilige Schrift haben (Lk 16,29). „Da ging zu ihm hinaus die Stadt Jerusalem „ (Mt 3,5), aber gemeint sind die Einwohner der Stadt. Weil der Name Gottes im Judentum als so heilig angesehen wurde, gebrauchte man Ersatzworte: „Vater, ich habe gesündigt gegen den Himmel (d.h. gegen Gott) und vor dir" (Lk 15,21). Deshalb darf man auch nicht zwischen Reich Gottes und Himmelreich einen Unterschied machen. Himmel ist durch Metonymie einfach der Ersatz für Gott.

Manchmal ist die Begriffsvertauschung nicht so leicht zu erklären. Paulus ermahnt seine Leser: „Und ein jeglicher wisse sein Gefäß zu behalten in Heiligkeit und Ehren" (1Thess 4,4). Was heißt Gefäß? In der revidierten Lutherbibel steht jetzt: „Ein jeglicher unter euch suche sein eigen Weib zu gewinnen in Heiligung und Ehrbarkeit." Gefäß wird hier also als Ehefrau verstanden. Da gibt es aber Ausleger, die die Ansicht vertreten, dass es sich hier um den Leib handelt. Tatsächlich wird das Wort Gefäß durch Metonymie für den Leib gebraucht. Wir haben diesen Schatz, sagt Paulus, in „irdenen Gefäßen" (2Kor 4,7). Auch wird das Wort sonst für die Frau gebraucht. In 1. Petrus 3,7 wird sie als „schwächeres Gefäß" bezeichnet. Aber das Wort „Gefäß" wird auch im Sinne von Rüstzeug gebraucht. Paulus ist ein „auserwähltes Gefäß", d.h. Werkzeug (Apg 9,5).

Der Herr der Gemeinde rät Laodizäa, weiße Kleider zu kaufen (Offb 3,18). Kleider werden immer wieder für den Charakter, die Lebensweise, gebraucht. „Sie haben ihre Kleider hell gemacht im Blut des Lammes" (Offb 7,14). Buchstäblich ging das nicht, und wenn es ginge, dann würden die Kleider nicht weiß sein. Aber hier werden beides, Kleider und auch Blut, durch Metonymie „umbenannt". Was Kleider bedeuten, haben wir eben gesagt, und Blut steht hier für das vollbrachte Erlösungswerk Christi.

5.3 Die Personifizierung

Wenn man von leblosen Dingen spricht als wären sie Personen, dann personifiziert man sie. Das Meer floh; die Berge hüpften und klatschten in die Hände; die Natur legt Trauerkleider an; die Donner reden; die Wasserströme frohlocken usw. Durch Personifizierung wird die Sprache recht lebendig.

Mitunter wird die Heilige Schrift personifiziert. Sie spricht (Joh 7,37); das Wort des Herrn läuft (2Thess 3,1); „Das Wort Gottes ist lebendig und kräftig und schärfer denn ein zweischneidig Schwert“ (Hebr 4,12). Am Kreuz tötete Christus die Feindschaft zwischen Juden und Heiden (Eph 2,16). Die Feindschaft wird hier als Person dargestellt. Sogar die Sünde wird personifiziert: „Die Sünde nahm Anlass am Gebot und betrog mich“ (Röm 7,11) Aber auch die Liebe wird personifiziert. In 1.Korinther 13 haben wir etwa 15 Verben, die aussagen, was die Liebe tut oder nicht tut.

Im letzten Buch der Bibel finden wir recht oft Personifizierungen. Der Tod und der Hades folgen dem Reiter auf dem fahlen Pferd (Offb 6,8). Zuletzt werden diese Feinde, Tod und Hades, in den feurigen Pfuhl geworfen (Offb 20,14). Beim Zusammenbruch dieser alten Welt entweicht der Himmel und wird wie eine Buchrolle zusammengerollt, und die Gottlosen sprechen zu den Bergen und Felsen: „Fallt über uns und verbergt uns vor dem Angesicht des, der auf dem Thron sitzt, und vor dem Zorn des Lammes“ (Berge und Felsen können „hören“?) (Offb 6,16). Dem Tier wird ein Maul gegeben, zu reden große Dinge und Lästerungen (Offb 13,5).

5.4 Der Euphemismus

In jeder Kultur gibt es verschönernde Umschreibungen. Im Deutschen haben wir einen idiomatischen Ausdruck dafür, man spricht nämlich „durch die Blume“. Sollte man diesen Ausdruck versuchen buchstäblich in andere Sprachen zu übersetzen, würde man kaum wissen, was gemeint ist, denn „durch die Blume sprechen“ ist ein deutscher Ausdruck. Idiomatische Ausdrücke, und das gilt auch ganz besonders für Euphemismen, werden von ihrer Kultur bedingt. Was in einer Gesellschaft frei besprochen wird, wird in einer anderen verschönert oder höchstens im Flüsterton ausgesprochen. In jeder Kultur gibt es Gegenstände, die anstößig sind, wenn sie frei besprochen werden. Man sucht dann nach Ersatzworten. Ich illustriere:

Laban holte Jakob ein und forderte seine Götzen zurück. Rahel hatte sie unter den Kamelsattel versteckt und sich darauf gesetzt. Als man dann anfing nach den Götzen zu suchen, weigerte sich

Rahel vom Kamel zu steigen, denn es ging ihr, so sagte sie, „nach der Frauen Weise“ (1Mo 31,35) (sie sprach von der Menstruation). – Als die Knechte Ehuds ihn nicht finden konnten, meinten sie, er war dabei seine Füße zu bedecken (Ri 3,24). (Luther: „Er ist vielleicht zu Stuhl gegangen“.) Genau dasselbe wird von Saul gesagt (1Sam 24,3). „Füße zudecken“ war ein Euphemismus; gemeint ist zur Toilette gehen.

Für den geschlechtlichen Verkehr gebraucht man auch verschiedene Euphemismen. In 3. Mose wird immer wieder der Ausdruck „die Blöße aufdecken“ gebraucht. Bei einer Frau „liegen“ bedeutet dasselbe. Auch wird das Verb „kennen / erkennen“ für den geschlechtlichen Umgang gebraucht. „Adam erkannte sein Weib Eva, und sie ward schwanger“ (1Mo 4,1). Zudem wird „berühren“ als Ersatz für den geschlechtlichen Verkehr gebraucht. „Es ist dem Menschen gut, dass er kein Weib berühre“ (1Kor 7,1).

Weil der Tod solch eine böse Macht ist, findet man in manchen Völkern Euphemismen für das Sterben. Zur Zeit Jesu war „Schlaf“ ein Ersatzwort für den Tod. „Wir werden nicht alle entschlafen, wir werden aber alle verwandelt werden,“ schreibt Paulus an die Korinther (1Kor 15,51). Auch wird das Sterben als ein „Ausziehen des Zeltpflocks“ gesehen (Hiob 4,21), oder das Wegtun der Hütte (Jes 38,12), oder das Zerbrechen der Hütte (2Kor 5,1). In Israel sprach man auch vom „Fahren zu den Vätern“ (1Mo 15,15). Der Psalmist drückt es noch anders aus: „Wo der Herr mir nicht hülfe, so läge meine Seele schier in der Stille“ (94,17).

In den jüdischen Synagogen war es Sitte, anstatt heidnische Götternamen, wie z.B. Ball, Astarte, Molech auszusprechen, dass man das Wort „Schande“ (*bosheth*) las. Einige Personennamen, wie z.B. Jerubaal und Meribaal, wurden in Jerubosheth und Meribosheth verwandelt. Das Wort „Baal“, war so anstößig geworden, dass man es eigentlich nicht mehr in der Öffentlichkeit aussprechen wollte. So gab es manche Gebiete, auf denen man nach Euphemismen suchte.

5.5 Die Hyperbel

Hier geht es um die Übertreibung, aber nicht um Menschen zu verwirren oder zu verführen, sondern um die Sprache zu beleben. Wenn z.B. von den Städten der Einwohner Kanaans gesagt wird, dass ihre Mauern bis in den Himmel reichten (5Mo 1,28), dann soll damit einfach gesagt werden, dass ihre Mauern sehr hoch waren.

Gott verspricht Abraham, seinen Samen wie Staub auf der Erde zu machen (1Mo 13,16), und fragt ihn dann, ob er den Staub zählen kann. Ein anderes Mal wird Abrahams Same mit den Sternen am Himmel verglichen, die auch nicht zu zählen sind (1Mo 15,5). Von den Kamelen der Midianiter und anderer Feinde Israels wird gesagt, dass sie wie Sand am Meer waren; sie waren eben nicht zu zählen (Ri 7,12). Von Saul und Jonathan wird gesagt, dass sie schneller waren als die Adler und stärker als die Löwen (2Sam 1,23). Als Salomo zum König gesalbt wurde, schrie das Volk vor Freude, sodass die Erde erbebte (1Kön 1,40). Der Psalmist beschreibt sein Leid in einer herzergreifenden Weise: „Jede Nacht flute ich mein Bett mit Tränen“ (Ps 6,6).

Markus berichtet, dass ganz Judäa und Jerusalem hinausging, sich von Johannes taufen zu lassen (1,5). Jesus sagte seinen Jüngern, wenn sie Glauben hätten wie ein Senfkorn, könnten sie zu „diesem Berg sagen: hebe dich von hinnen dorthin! So wird er sich heben; und euch wird nichts unmöglich sein“ (Mt 17,20). Es fällt aber keinem Bibelleser ein, irgend einen Berg „durch den Glauben“ zu versetzen. Dieses ist Bildersprache, und zwar sind es hyperbolische Aussagen.

Der Evangelist Johannes schließt sein Buch mit der Beobachtung, dass die Welt die Bücher nicht würde fassen können, wenn alles, was Jesus getan hatte, niedergeschrieben würde (Joh 21,25). Die Feinde Jesu bekennen: „Ihr seht, ihr könnt nichts machen; die ganze Welt geht ihm nach“ (Joh 12,12). Die Athener, schreibt Lukas, „verbrachten all ihre Zeit damit, etwas Neues zu hören oder zu sagen“ (Apg 17,21). Paulus und Silas hatten, wie man sagte, die ganze Welt auf den Kopf gestellt (Apg 17,6). Paulus schreibt an die Galater und sagt, „wenn es möglich gewesen wäre, ihr hättet eure Augen ausgerissen und mir gegeben“ (4,15).

Wenn also die hyperbolische Sprache gebraucht wird, soll man nicht in prosaischer Weise versuchen, den Text zu erklären. Man muss eigentlich eine Wertschätzung für Humor haben, um Hyperbeln richtig einzuschätzen. Jesus hat viele Wahrheiten durch Hyperbeln eingeschärft. Wenn er z.B. den Splitter in des Bruders Auge mit dem Balken in unserem eigenen Auge vergleicht, haben wir eigentlich eine krasse Übertreibung (man kann doch nicht einen Balken im Auge haben), aber jedermann weiß, was gemeint ist (Mt 7,3). Bei einer Gelegenheit warnte Jesus, da es leichter wäre, für ein Kamel durchs Nadelöhr zu gehen, als für einen Reichen, ins Reich Gottes zu kommen (Mk 10,25). Weil die Sprache hyperbolisch ist (wie kann ein Kamel durch ein Nadelöhr gehen?), hat man diese Aussage Jesu versucht zu schwächen. Einige meinen, Jesus hat ein kleines Tor in der Stadtmauer im Sinn gehabt und nicht eine Nadel, aber dafür ist kein Beweis vorhanden. Andere ändern das Wort *kamelos* (Kamel) und schreiben *kamilos* (Strick, Kabel). Aber auch dafür ist keine Grundlage im Text. Das Bild mag grotesk sein, aber sehr packend.

Wenn Johannes den letzten Kampf zwischen Gott und seinen Feinden beschreibt, gebraucht er hyperbolische Ausdrücke. Das Blut der Gefallenen, so sagt er, wird den Pferden bis an die Zäume gehen (Offb 14,20). Dieselbe Sprache gebraucht Josephus in seiner Beschreibung der Zerstörung Jerusalems. Man braucht also nicht zu fragen, ob so etwas physisch möglich ist; es sind Hyperbeln.

5.6 Die Litotes

Mitunter drücken sich die biblischen Schreiber negativ aus, aber was sie sagen, ist positiv gemeint. Ich gebe ein Beispiel aus der Apostelgeschichte: „Ihr sollt mit dem Heiligen Geist getauft werden nicht lange nach diesen Tagen" (Apg 1,5), d.h. sehr bald. „Es war nicht eine kleine Bekümmernis unter den Kriegsknechten" (Apg 12,18), d.h. eine große. „Der Goldschmied Demetrius wandte denen vom Handwerk nicht geringen Gewinn zu" (Apg 19,24), d.h. großen. „Ein nicht kleines Gewitter drängte uns" (Apg 27,20), d.h. ein großes.

5.7 Die Ironie

Wenn man etwas Positives aussagt, aber eigentlich das Gegenteil meint, nennen wir das Ironie. Hiob sagte seinen Freunden: „Mit euch wird die Weisheit sterben" (12,2). In anderen Worten, niemand ist so weise wie sie, auch wenn Hiob sie tatsächlich als töricht betrachtete. Davids Frau Michal, sagte spöttisch, als David vor dem Herrn tanzte: „wie herrlich ist heute der König von Israel gewesen..." (2Sam 6,20).

Der Herr spricht: „Wirf's hin, dass es dem Töpfer gegeben werde (d.h. 30 Silberlinge). Ei, ein treffliche Summe..." (Sach 11,13). Von den Schriftgelehrten und Pharisäern sagte Jesus: „Jesaja hat schon von euch gesprochen: Dieses Volk ehrt mich mit den Lippen, aber ihr Herz ist ferne von mir“ (Mk 7,6). Sie bauten Grabmäler für die Propheten, sagte Jesus, und schmückten die Gräber der Gerechten, aber waren am Blut der Propheten schuldig (Mt 23,29).

Paulus schreibt an die Korinther, die sich etwas auf ihre Frömmigkeit einbildeten: „Ihr seid schon satt geworden; ihr seid schon reich geworden; ihr herrscht ohne uns. Ja, wollte Gott ihr herrschtet, auf dass auch wir mit euch herrschen könnten“ (1Kor 4,8). Wir selber müssen uns beim Gebrauch der Ironie in Schranken halten, sonst machen wir uns Feinde. Die Propheten, Jesus und auch die Apostel bedienten sich jedoch dieser Redewendungen.

5.8 Die Synekdoche

Manchmal gebraucht ein Schreiber einen Teil für das Ganze, oder das Ganze für einen Teil. Wenn es in Lukas 2,1 heißt, dass „die ganze Welt“ sich schätzen lassen sollten, meint Lukas die bekannte Welt, d.h. das römische Reich (also wird das Ganze für einen Teil gebraucht). So wird man wohl auch die drei Tage und drei Nächte, die Jesus im Grabe war, verstehen müssen (Mt 12,40). Nicht volle 72 Stunden sind gemeint, sondern ein Teil des Tages steht für den ganzen Tag, und zwei Nächte für drei. Wenn dann gesagt wird, dass Jesus „am dritten Tag“ vom Tode auferstehen sollte, ist das nichts anderes als „drei Tage und Nächte“. So hilft uns eine Bekanntschaft mit der Bildersprache manche schwierige Stelle im Text der Heiligen Schrift zu verstehen.

6

Die Symbolik

Es werden in der Heiligen Schrift wiederholt Taten beschrieben, die einen symbolischen Charakter tragen; Taten, die in sich eine Lehre verbergen. Auch werden den Propheten, wie auch später den Aposteln, göttliche Botschaften in Form von Gesichtern, Träumen und Visionen gegeben. Manchmal tragen auch ganz konkrete Dinge einen symbolischen Charakter. Biblische Zahlen werden mitunter in symbolischer Weise gebraucht. Ab und zu wird einer Person ein symbolischer Name gegeben. Auch Farben und Metalle stellen mitunter in symbolischer Weise göttliche Wahrheiten dar.

Eigentlich gehört die Symbolik zum Gebiet der Bildersprache; wir behandeln sie hier jedoch gesondert, weil sie in der Bibel eine große Bedeutung hat.

6.1 Symbolische Taten

Der Prophet Ahia fasste den neuen Mantel, den er trug und riss ihn in zwölf Stücke. Darauf bat er Jerobeam, zehn Stücke zu nehmen. Durch diese symbolische Tat wurde die Teilung des Salomonischen Reiches dargestellt (1Kön 11,30-31). Jerobeam wurde der erste König des geteilten Reiches. Er herrschte über die 10 nördlichen Stämme.

Dem Propheten Jeremia wird geboten, sich einen Gürtel zu kaufen. Diesen soll er am Euphrat in einem Steinritz verstecken. Nach langer Zeit bekommt er den Befehl, den Gürtel zu holen, aber der war inzwischen verdorben. Was wollte Gott damit sagen? „So spricht der Herr: Eben also will ich auch verderben die große Hoffart Juda's und Jerusalems" (Jer 13,9). Ein anderes Mal bekommt er den Befehl, einen irdenen Krug vom Töpfer zu kaufen. In Gegenwart der Ältesten des Volkes zerbricht er den Krug. Und was war die Botschaft? „So spricht der Herr Zebaoth: Eben wie man eines Töpfers Gefäß zerbricht, und es nicht wieder ganz werden kann, so will ich dieses Volk und diese Stadt auch zerbrechen" (Jer 19,11). Als die Babylonier ins Land eindrangen und Jerusalem belagerten, lag Jeremia im Gefängnis, denn der jüdische König konnte seine Weissagungen nicht ertragen. Da kommt das Wort des Herrn zu Jeremia und befiehlt ihm einen Acker in Anathoth zu kaufen. Was wollte Gott dadurch sagen? „Denn so spricht der Herr Zebaoth, der Gott Israels: Noch soll man Häuser, Äcker und Weinberge kaufen in diesem Lande“ (Jer 32,15). Als Juda ohne Hoffnung am Boden lag, war der Ankauf dieses Ackers eine symbolische Tat. Sie war gleichsam ein Hoffnungsstrahl für Gottes Volk in einer dunklen Nacht.

Hesekiel nimmt einen Ziegel und entwirft darauf die Stadt Jerusalem und macht ein Bollwerk und ein Heerlager darum. Damit sollte die Belagerung Jerusalems symbolisiert werden (Hes 4,1-2). Dann muss der Prophet zunächst auf der linken, dann auf der rechten Seite liegen, gebunden mit Stricken, und unreines Brot essen. Die Botschaft lautet: „Also müssen die Kinder Israel ihr unreines Brot essen unter den Heiden“ (Hes 4,13).

Auch im Neuen Testament werden Taten beschrieben, die symbolischen Charakter tragen. Als Jesus seine Jünger aussandte, wusste er, dass sie nicht überall willkommen sein würden. In dem Fall sollten sie den Staub von ihren Füßen schütteln und die Stadt verlassen (Mt 10,14). Die Bedeutung dieser Geste verstand jeder Jude. Wenn reisende Juden aus der Diaspora ins Heilige Land kamen, schüttelten sie den Staub von ihren Füßen, um zu demonstrieren, dass sie jetzt heidnisches Land verließen. Über eine Stadt den Staub abzuschütteln bedeutete, dass die Stadt als heidnische Stadt betrachtet wurde. Paulus und Barnabas taten dieses auch, als sie Antiochien verließen (Apg. 13,51).

Im Johannesevangelium werden die Wunder Jesu immer wieder „Zeichen“ genannt. Damit will gesagt werden, dass es bei diesen Großtaten Jesu nicht nur um das Mirakulöse geht, sondern dass die Wunder eine göttliche Wahrheit verkündigen. Als Jesus z.B. auf dem Meer ging, war das mehr als nur ein Wunder. Das Meer war damals ein Symbol für böse Mächte, und das Gehen auf dem Meer deutete an, dass Jesus über alle bösen Mächte Herr sei. Der Einzug Jesu in Jerusalem war bestimmt eine symbolische Tat, wie auch das Fluchen des Feigenbaums, die Fußwaschung und auch die Tempelreinigung.

Als der Hohepriester Kaiphas seine Kleider zerriss, war das eine symbolische Tat (Mk 14,63). Und als Pilatus sich öffentlich die Hände wusch (Mt 27,24), wollte er damit seine Unschuld demonstrieren. Schon der Psalmist sprach vom Waschen seiner Hände in Unschuld (Ps 73,13).

6.2 Symbolische Visionen

Der Prophet Amos sieht in einem Gesicht, wie jemand Heuschrecken machte (7,1); darauf folgt ein Gesicht, in dem Feuer durch das Land zieht (7,4). Dann sieht er den Herrn auf einer Mauer stehen mit einer Bleischnur in der Hand (7,7). All dieses sind Gerichtsbilder. Auch zeigte Gott seinem Knecht einen Korb mit reifem Obst. Die Deutung dieses Gesichts wird dann sofort gegeben: „Das Ende ist gekommen über mein Volk Israel" (8,2).

Der König Nebukadnezar hatte einen Traum, und Daniel wird gebeten, den Traum zu deuten. Das Bild stellte die Reiche der alten Welt dar. Am Ende fällt ein Stein vom Himmel, der das Bild zermalmt. Und das bedeutet, dass Gott am Ende sein Reich, das ewig bestehen wird, aufrichten wird (Dan 2,44).

Der Seher Daniel hatte einen Traum und Gesichte in der Nacht (7,1). Er sah vier Tiere aus dem Meer heraufsteigen. Das erste war wie ein Löwe, das andere wie ein Bär, das dritte glich einem Parder und das vierte war ein fürchterliches Ungeheuer. Durch diese Tiere werden die Weltreiche dargestellt, die im Gegensatz zum ewigen Reich Gottes stehen.

Das letzte Buch der Bibel ist ganz besonders reich an symbolischen Visionen. Johannes sieht ein zweischneidiges Schwert aus dem Munde des erhöhten Christus kommen (Offb 1,16). Das symbolisiert seine Vollmacht über Leben und Tod; auch wird dadurch angedeutet, dass er durch sein Wort richtet. Der Seher sieht vier Reiter, welche die zerstörenden Mächte, die über die gottlose Menschheit kommen, andeuten (Offb 6,1-8).

Nicht immer ist die Symbolik der Bilder ganz klar und manchmal stellt Bild mehr als **eine** Wahrheit dar. Johannes sieht z.B. eine Frau, die einen Sohn gebiert. Jedenfalls wird dadurch Israel, das uns den Messias gegeben hat, dargestellt. Das Kind wird in den Himmel entrückt und der Drache verfolgt dann die Frau (Offb 12,13). Jetzt stellt die Frau die Gemeinde dar, die verfolgt wird, aber von Gott bewahrt bleibt.

Das Tier, welches Johannes aus dem Meer emporsteigen sah, hatte eine Halswunde, die geheilt war (Offb 13,3). Damit wollte er darstellen, dass die antichristliche Macht, die sich immer wieder gegen Gott und sein Volk erhebt, nicht mit dem Tod eines Grobians liquidiert worden ist. Die Wunde heilt; es steigen immer wieder böse Tiere aus dem Abgrund hervor, die Gottes Volk zu zerstören suchen. Wenn jedoch Gottes Stunde schlägt, wird das letzte Tier „in die Verdammnis" fahren (Offb 17,11).

Immer wieder heißt es in der Offenbarung: „...und ich sah....“. Dem Apostel werden durch Gottes Geist die Augen aufgetan, sodass er mit seinem inneren Auge sehen kann, was sein natürliches Auge nicht vernimmt. Und um die Leser darauf hinzuweisen, dass Johannes viele seiner Lehren symbolisch darstellt, sagt er ab und zu, dass dies oder das „geistlich“, d.h. symbolisch, allegorisch, zu verstehen ist. Er beschreibt z.B., wie die Leichname der Zeugen Jesu auf der Straße der großen Stadt liegen, „die geistlich heißt: Sodom und Ägypten, wo auch ihr Herr gekreuzigt ist“ (11,8). Und als Johannes im Geist in die Wüste geführt wurde, sah er ein Weib sitzen auf einem scharlachroten Tier. Ein Engel sagte ihm dann: „Ich will dir sagen das Geheimnis des Weibes und des Tieres“ (17,5). In anderen Worten, er erklärt Johannes den symbolischen Sinn dieses Bildes.

6.3 Materielle Symbolik

Als Mose von Gott berufen wurde, Israel aus der Gefangenschaft zu führen, offenbarte er sich ihm an einem brennenden Busch (2Mo 3,2). Immer wieder ist Feuer eine symbolische Darstellung eines heiligen Gottes. Die verschiedenen Geräte in der Stiftshütte hatten auch symbolische Bedeutungen; ganz besonders wichtig war die Bundeslade. Man darf aber nicht neutestamentliche Wahrheiten in die Stiftshütte hineinlesen. Wenn man das Holz als Jesu Menschheit erklärt, das Gold als seine Gottheit und das Silber als sein Erlösungswerk, dann hat man die Grenzen überschritten. Erst muss man die symbolische Bedeutung der Geräte und auch der Handlungen, die mit der Stiftshütte verbunden waren, festlegen. Dann erst kann man an die typologische Bedeutung, im Lichte des Neuen Testaments, herangehen. Mit Christus nahm das ganze Opferwesen ein Ende, aber das Erlösungswerk Jesu Christi wird immer wieder durch alttestamentliche Opfersprache dargestellt. Sogar die Stiftshütte selbst, welche die Gegenwart Gottes unter seinem Volk symbolisiert, hat typologische Bedeutung. „Das Wort ward Fleisch und wohnt (zeltete) unter uns“ (Joh 1,14).

Und weil wir schon bei dem Opferwesen sind, muss man auch fragen, was durch „Blut“ symbolisiert wird. Blutvergießen kann Mord bedeuten (Mt 23,30). Aber wenn es heißt, dass wir Erlösung „durch sein Blut“ haben (Offb 1,5), dann ist Blut ein Symbol für das Leben, welches Jesus freiwillig für uns dahingab. Es spricht von seinem stellvertretenden Tod. Die *Good News Bible* übersetzt Offenbarung 1,5 folgendermaßen: „Durch seinen Tod hat er uns von den Sünden frei gemacht." Weil es sich hier um einen Opfertod handelt, wäre es vielleicht besser, wenn man das Wort „Blut" in der Übersetzung stehen lassen würde (wie es auch *Die Gute Nachricht* tut).

Als Jesus beim letzten Mahl mit seinen Jüngern vor seinem Tode das Brot und den Kelch in die Hand nahm, gab er seinen Jüngern die symbolische Bedeutung des Brotes und des Weines. Das Brot symbolisierte seinen Leib und der Kelch sein Blut. Sauerteig wird einige Male als materielles Symbol für das Böse gebraucht. Jesus warnte vor dem Sauerteig der Pharisäer, welches die Heuchelei ist (Mt 16,6). Paulus ermahnt die Korinther, den alten Sauerteig der Bosheit auszukehren (1Kor 5,6-8). Umgekehrt wird Sauerteig auch als Symbol für das Wachstum des Himmelreiches gebraucht (Mt 13,33). Jesus wird als Löwe aus dem Stamm Juda dargestellt (Offb 5,5). Andererseits wird Satan als brüllender Löwe beschrieben, der die Kinder Gottes zu verschlingen droht (1Petr 5,8).

Immer wieder werden Wolken mit symbolischer Bedeutung genannt. Bei dem Auszug Israels aus Ägypten stellte die Wolke göttlichen Schutz und göttliche Führung dar. Mitunter werden Wolken auch für göttliche Offenbarungen gebraucht. Als Gott sich am Sinai offenbarte, kam er in einer dichten Wolke hernieder (2Mo 19,16). Daniel sieht einen wie eines Menschen Sohn in den Wolken des Himmels kommen. Die Wolke verhüllt göttliches Geschehen; zugleich aber enthüllt sie Gottes Majestät. Auch wird der Tag des Gerichts als „ein Tag der Wolken" bezeichnet (Zeph 1,15). Johannes schreibt: „Siehe er kommt mit den Wolken" und dann werden wehklagen alle Geschlechter der Erde (Offb 1,7). Jesus braucht die Wolken nicht, um darauf am Ende dieses Zeitalters wiederzukommen, aber die Wolken symbolisieren seine große Majestät, die bei seinem Kommen verhüllt, aber auch offenbart wird. Es gibt noch viele andere materielle Symbole in der Heiligen Schrift, aber wir müssen uns mit den obigen Beispielen begnügen.

6.4 Symbolische Zahlen

Im Judentum gebrauchte man die Buchstaben des Alphabets (d.h. die Konsonanten) auch als Zahlen. Dadurch konnte man Wörtern oder Namen von Personen einen Zahlenwert geben. In 1.Mose 49,10 ist von Schiloh (d.h. Held) die Rede. Dieses Wort hatte einen Zahlenwert von 358. Weil das auch der Zahlenwert des Wortes „Messias“ war, erklärten die Rabbiner, dass Schiloh eigentlich „Messias“ bedeutete. Die Zahl des Satans war 364, und daher, meinten sie, konnte der Teufel an einem Tag des Jahres sein böses Werk nicht ausführen, denn das Jahr hat 365 Tage. Die Zahlensymbolik verführt also manchmal zu merkwürdigen Spekulationen.

Der Name „David“ in Zahlen umgerechnet, ergibt 14 (man zählt nur die drei Konsonanten: D=4, V=6, D=4). Das lange Geschlechtsregister in Matthäus 1 ist in drei Teile von je 14 eingeteilt, und weil der Schreiber zeigen will, dass Jesus ein Nachkomme Davids ist, mag der Zahlenwert dieses Namens hier eine Rolle gespielt haben.

Als Johannes die Offenbarung schrieb und den römischen Herrscher, der die Christen verfolgte, als Tier darstellte, wäre es zu gefährlich für die Leser (und für Ihn) gewesen, wenn er den Herrscher mit Namen genannt hätte. Aus dem Grund gebraucht er die Zahl seines Namens als Deckung. Die Zahl ist 666 (einige Handschriften haben 616). Jedenfalls wussten die Leser, wer gemeint war, denn Johannes ermutigt sie, die Zahl umzurechnen (Offb 13,18). In einer Schrift vom Toten Meer erscheint der Name des Kaisers Nero in hebräischen Buchstaben. Nun ist es gut möglich, dass Johannes diesen Kaiser im Sinn hatte, als er die Offenbarung schrieb (K=100, S=60, R=200, also 360 ist der Zahlenwert des Wortes „Kaiser“; N=50, R=200, O=6 (im Hebräischen ist dieses ein Konsonant), N=50, also das Wort „Neron“ bietet die Zahl 306; 306 plus 360 ergibt 666). Dass Zahlen als Decknamen gebraucht wurden, wissen wir aus Inschriften, die man Graffiti nennt. An einer Wand in Pompeij steht: „Ich liebe die, deren Zahl 565 ist“ (also ich weiß und sie weiß, wer gemeint ist, aber kein anderer). Auf jeden Fall sollte man heute nicht versuchen die Namen von gottlosen Herrschern auf die Zahl 666 zu berechnen. Johannes hatte einen tierischen römischen Herrscher im Sinn. Auch sollte man auf die Zahl 666, wenn sie heute irgendwo auftaucht, nichts geben. Die Zahl des Tieres annehmen bedeutet, bildlich gesprochen, ein Anhänger der bösen Macht zu sein. Diese Mächte tauchen immer wieder in der Geschichte auf und münden zuletzt in die Erscheinung des Antichristen, der ein Mensch der Bosheit genannt wird (2Thess 2,3).

Apokalyptische Literatur, die im Judentum gut bekannt war, enthält recht viel Zahlensymbolik. Daher muss man auch in dem letzten Buch der Bibel mit solcher Symbolik rechnen. Johannes bezeichnet das Volk Gottes mit einer symbolischen Zahl: 144.000. Dadurch wird konkret dargestellt, dass Gott weiß, wer sie sind; er weiß, wieviele Kinder er hat. In Offenbarung 7 heißt es, dass diese große Schar den Stempel Gottes trägt, sie sind versiegelt, d.h. sie gehören Gott an. In Offenbarung 14,4 wird dann noch zusätzlich gesagt, dass dieses die Nachfolger des Lammes sind. Dass sie aus den 12 Stämmen Israels kommen, sollte uns nicht wundern, denn die neutestamentlichen Schreiber gebrauchen immer wieder alttestamentliche Namen um das neue Gottesvolk zu bezeichnen. Jakobus z.B. schrieb an christliche Gemeinden und nennt sie „die zwölf Stämme“ (1,1). Petrus schreibt an die Fremdlinge in der „Diaspora“ (1Petr 1,1) – eine bekannte Bezeichnung für jeden ausserhalb Palästinas. Paulus nennt die Galater „Israel Gottes“ (6,16), und in Philipper 3,3 „die rechte Beschneidung“. 144.000 will uns sagen, dass Gott die Seinen alle kennt, und diese gezählte Schar wird in Offenbarung 7 schließlich zu einer großen Schar „die niemand zählen kann“ (7,9), d.h. von der menschlichen Perspektive aus ist die Schar der Gläubigen unzählbar, von der göttlichen Schau gesehen sind sie alle gezählt.

Auch die „Siebenzahl“ spielt in der Offenbarung eine bedeutende Rolle und muss symbolisch verstanden werden. Die 7 Geister vor Gottes Thron (1,4) bezeichnen den Heiligen Geist in seiner Fülle. Die 7 Gemeinden stellen die ganze Gemeinde Jesu Christi dar. Der mittlere Teil des Buches beschreibt 7 Siegel, 7 Posaunen und 7 Plagen. Dieses sind göttliche Gerichte, die über diese gottlose Welt von Zeit zu Zeit einhergehen, denn Gottes Zorn ist schon jetzt vom Himmel offenbart (Röm 1,16). Sie durchschreiten alle denselben Zeitraum, vom ersten bis zum zweiten Kommen Jesu, und sind Vorläufer des göttlichen Gerichts am Ende dieses Zeitalters.

Zwischen dem ersten Kommen Jesu und dem Abschluss der Geschichte mit seinem zweiten Kommen führt die Gemeinde hier auf Erden ihre Mission aus (dargestellt durch die zwei Zeugen, Kapitel 11). Wegen ihres Zeugnisses wird die Gemeinde in dieser Zeit immer wieder verfolgt. Weil nun in der Geschichte Israels zur Zeit der Herrschaft des Syrers Antiochus Epiphanus eine furchtbare Verfolgung ausbrach (Dan 7,25; 12,7), die etwa 3 fi Jahre dauerte (zur Zeit Elias litt Israel 3 fi Jahre wegen der Dürre), wurde die Zahl 3 fi Jahre symbolisch für Trübsalszeit gebraucht. Anders ausgedrückt sprach man von 42 Monaten oder 1260 Tagen (Offb 11,2-3). Der Zeugendienst der Gemeinde währt genauso lange wie ihre Trübsalszeit, nämlich von Pfingsten bis zur Parusie Jesu Christi.

Im Alten Testament kommt die Zahl „vierzig“ so oft vor, dass sie mitunter auch symbolisch gebraucht wurde. Das Leben Moses wurde in drei mal 40 eingeteilt, und heute wünschen Juden einander: „Mögest du bis 120 leben...“ Das meinen sie nicht buchstäblich, aber 120 (3 x 40) ist Symbol für ein volles Leben. Es ist merkwürdig, wie oft die Zahl 40 vorkommt. 40 Tage waren die Spione im Land Kanaan, die Richter in Israel durften nicht mehr als 40 Schläge zumessen; 40 Tage war Mose auf dem Berg; 40 Tage war Elia in der Wüste; in 40 Tagen sollte Ninive untergehen. Weil nun die Zahl 40 fast immer von irgend einer Not gebraucht wurde, meinen einige Bibelleser, dass man auch die 40 Tage, die Jesus in der Wüste war und fastete, symbolisch verstehen muss. Aber es ist auch möglich, dass eine Zahl auf beide Arten, mathematisch wie auch symbolisch, gebraucht werden kann. Es gibt bestimmt noch andere symbolische Zahlen, aber obige Illustrationen müssen hier genügen.

6.5 Symbolische Namen

Der Mann, der mit Jakob die Nacht hindurch rang, gab ihm am Morgen einen neuen Namen. „Du sollst nicht mehr Jakob heißen, sondern Israel; denn du hast mit Gott und Menschen gekämpft und hast gewonnen“ (1Mo 32,29). Naomi will fortan „Mara“ genannt werden, denn „der Allmächtige hat mich sehr betrübt“ (Ruth 1,20).

Die Frau des Propheten Jesaja gebar einen Sohn und dieses Kind sollte *maher-schalal-hasch-baz* heißen, d.h. Raubebald, Eilebeute, denn „ehe der Knabe rufen kann ‚Lieber Vater! Liebe Mutter!‘, soll die Macht von Damaskus und die Ausbeute Samarias weggenommen werden durch den König von Assyrien“ (Jes 8,1-4). Dem Propheten Hosea wurde geboten, seinen ersten Sohn „Jezreel“ zu nennen. Das war eigentlich ein Ortsname, aber der Name symbolisiert Blutvergießen. Der König Jehu war auf mörderische Weise bei Jezreel zur Herrschaft gekommen, und der Sohn Hosea’s sollte Gottes Gericht über Jezreel zur Schau tragen. Hosea’s zweites Kind, eine Tochter, soll *Lo-Ruchama* heißen, d.h. „keine Barmherzigkeit“. Ihr Name sollte andeuten, dass Gottes Barmherzigkeit mit Israel jetzt vorbei war (Hos 1,4-9). Das dritte Kind, ein Sohn, wurde *Lo-Ammi* genannt, d.h. „nicht mein Volk“. Dadurch, dass Israel Gottes Bund gebrochen hatte, war es nicht mehr sein Volk. Jedoch der Prophet sah eine Zeit kommen, in welcher das „*Lo*“ (nicht) von diesem Namen würde entfernt werden, und Israel wieder Gottes

Erbarmen erleben und wieder Gottes Volk sein würde. Diese Verheißung wurde in Christus erfüllt: „Die ihr vormals nicht ein Volk waret, nun aber Gottes Volk seid, und vormals nicht in Gnaden waret, nun aber in Gnaden seid“ (1Petr 2,10).

Jesus bekommt den symbolischen Namen „Immanuel“ (Mt 1,23). Dieses war, wie Matthäus es sagt, die Erfüllung von Jesaja 7,14, wo in einer dunkeln Stunde, wie auch Joseph sie erlebte, Gott gleichsam einem Kind diesen symbolischen Namen gab. Immanuel bedeutet „Gott mit uns“. In der Offenbarung wird die gottlose Großstadt, welche die Macht des Bösen darstellt, immer wieder „Babylon“ genannt – ein Erzfeind des Volkes Gottes, und ein Land, in welches Israel in die Gefangenschaft verschleppt wurde. Aber Babylon ist eigentlich ein symbolischer Name für Rom, denn laut Offenbarung 17,9 sind die 7 Häupter des Tieres, auf welchen die babylonische Hure sitzt, „sieben Berge“. Rom hieß damals die siebenbergige Stadt (*septicollis*).

Das gottlose Jerusalem, wo Jesus gekreuzigt worden war und wo die Zeugen Jesu verfolgt und getötet werden, bekommt die symbolischen Namen „Sodom“ (Gipfelpunkt der Bosheit) und „Ägypten“ (eigentlich nicht eine Stadt, aber ein Land in welchem Israel in Knechtschaft lebte) (Offb 11,8). Die letzte Schlacht zwischen den göttlichen Heeren und den bösen Mächten soll an einem Ort, der „Harmagedon“ heißt, stattfinden (Offb 16,16). Harmagedon findet man aber auf keiner Landkarte; das ist ein symbolischer Name für den Zusammenprall der finsteren Mächte mit den Heeren des Himmels, *Har* ist das hebräische Wort für „Berg“, und *Megiddo* ist das Tal, in welchem so viele blutige Schlachten stattfanden. Dadurch wird Megiddo Symbol für die letzte Schlacht. Warum das Wort mit „Berg“ verbunden worden ist, ist nicht ganz klar, denn Megiddo ist ein Tal, aber es kann sein, weil das Tal auf der Karmelhöhe ausläuft, dass man „Berg“ mit Megiddo verband. Weil Harmagedon ein symbolischer Name ist, soll man auch nicht erwarten, dass der letzte Kampf zwischen Gott und Satan in Palästina stattfinden wird, hier geht es um die böse Weltmacht, die sich gegen Gott und sein Reich aufbäumt und am Ende schmählich zerbricht.

6.6 Symbolische Farben

Bei der Auslegung von Farben muss man vorsichtig sein. Nicht immer, wenn die rote Farbe vorkommt, ist Jesu Blut gemeint. Auch das rote Seil der Rahab will das nicht sagen (Jos 2,18), auch nicht die Asche der roten Kuh (4Mo 19,2). Ganz anders steht die Sache, wenn wir uns die vier apokalyptischen Reiter ansehen. Sie reiten auf Pferden mit verschiedenen Farben, und die Farben der Pferde symbolisieren Gericht: Militarismus (weiß), Blutvergießen (rot), Hungersnot (schwarz); Krankheit und Tod (gelb-grün, leichenfarbig). Die Farben werden von Johannes erklärt; also ist die symbolische Bedeutung eindeutig (Offb 6,1-8).

Die weiße Farbe wird immer wieder genannt und hat oft eine symbolische Bedeutung. Sie spricht von Reinheit (Jes 1,8), von Sieg (Offb 6,11; 7,9; 19,11-14). Es ist die Farbe der himmlischen Welt (Offb 3,4). Die Purpurfarbe spricht von Würde und königlicher Herrschaft. Unserm Herrn zog man zum Spott einen purpurnen Mantel an. Das mag ein Soldatenrock gewesen sein. Irgendwo hatten die Kriegsknechte gehört, dass Jesus sich als König ausgegeben hatte, und als solche verspotteten sie ihn, indem sie ihm königliche Kleidung anlegten (Mk 15,17). Vom reichen Mann im Gleichnis heißt es, dass er sich mit einem purpurnen Mantel kleidete (Lk 16,19) und mit köstlicher Leinwand. Von dem Weib auf dem Tier heißt es, dass sie in Purpur und Scharlach gekleidet war; also ganz königlich (Offb 17,4).

6.7 Metall-Symbolik

Gewisse Metalle werden immer wieder genannt und tragen symbolischen Charakter. Gold steht für das, was am köstlichsten ist. Und daher sind die Straßen des himmlischen Jerusalem von Gold. Dasselbe gilt auch für die Perlen und Edelsteine (Offb 21,18). Ein geprüfter, rechtschaffener Glaube ist köstlicher als Gold (1Petr 1,7). Mit Gold oder Silber konnten wir aber nicht erlöst werden; es kostete unserem Herrn sein Leben (1Petr 1,18-19). Wer mit Gold, Silber und Edelsteinen auf dem Grund Jesus Christus baut, braucht sich nicht zu fürchten, dass sein Werk am Ende verbrennen wird. Gold und Silber verbrennen nicht (1Kor 3,12-14). Im Gegenteil symbolisieren Holz, Heu und Stoppel Baumaterial, welches leicht vom Feuer verzehrt wird.

Nebukadnezar hatte einen Traum, in welchem er eine glänzende Gestalt sah. Das Haupt war von Gold, die Brust und Arme von Silber, der Bauch und die Lenden von Erz, und die Füße waren teils Eisen, teils Ton. Diese verschiedenen Metalle stellen Weltreiche dar. Schließlich kommt ein Stein vom Himmel und zermalmt das ganze Bildnis. Der Stein selbst wird dann zu einem großen Berg, der die ganze Welt erfüllt (Dan 2,27-45). Durch das Zermalmen dieser Metalle sollte Nebukadnezar lernen, dass das babylonische Reich, welches er erbaut hatte, eines Tages untergehen würde, und von einem ewigen Reich Gottes ersetzt werden würde.

Bei dieser Metallsymbolik muss man vorsichtig sein; man darf nicht über die Grenzen des Textes hinaus wollen. Ausleger wollen mitunter auch die zehn Zehen des danielischen Bildes deuten, aber sie gehören einfach zum Bildnis und wollen hier jedenfalls nichts symbolisieren.

Eisen war ein hartes Metall. Schon die alten Einwohner Kanaans, bzw. die Philister, besaßen Eisen (1Sam 13,19-22). Zur Zeit Davids war Eisen auch in Israel weit verbreitet. Weil Eisen so hart war, wird es zu einem Symbol für Herrschaft, für das königliche Zepter. Das Psalmwort: „Du sollst sie mit einem eisernen Zepter zerschlagen“ (Ps 2,9), wird im Buch der Offenbarung aufgenommen, da aber wird auf Grund der Septuaginta das Verb „weiden“ (d.h. herrschen) gebraucht, anstatt „zerbrechen“. Dem Überwinder wird versprochen, dass er die Heiden mit eisernem Stab weiden wird (Offb 2,27). Von dem Sohn, den die himmlische Frau gebiert, wird gesagt, dass er „alle Völker weiden wird mit eisernem Stabe“ (Offb 12,5). Und aus dem Munde des himmlischen Imperators geht ein Schwert, mit welchem er die Völker schlägt, und er wird sie regieren mit eisernem Stabe (Offb 19,15). An all diesen Stellen wird der eiserne Stab als Symbol für Herrschaft oder sogar für Waffe gebraucht. Gottes ewiges Reich wird auf den Trümmern der Reiche dieser Welt aufgebaut. Dieses geschieht durch das glorreiche Kommen des Herrn am Ende der Zeit. Und alle, die Christus angehören, die Überwinder, nehmen Teil an diesem Reich, in welchem der Sieger, Jesus Christus, König ist.

7

Allgemeine Prinzipien der Hermeneutik

Sorgfältige Bibelforscher haben durch langjährige Erfahrung einige Grundsätze entdeckt, welche dem Leser der Heiligen Schrift behilflich sein können. Diese Prinzipien werden heute nicht nur in einem kleinen Winkel der Erde beachtet, sondern sie sind in allen Weltteilen, wo die Bibel gelesen und erklärt wird, bekannt.

Man hat diese leitenden Grundsätze mit den Regeln eines Spiels verglichen. Ich könnte z.B. die Regeln des Tennisspiels auswendig lernen, aber damit wäre noch nicht gesagt, dass ich spielen könnte. Ungefähr so ist es auch mit den „Regeln" der Schriftauslegung; man kann mit den Regeln vertraut sein, aber eigentlich lernt man nur durch die Praxis die Schrift richtig auszulegen.

Das Endziel des Schriftstudiums ist es, dass man Gottes Botschaft hört und sie auf unser Leben anwendet. Die folgenden hermeneutischen Grundregeln sollen uns helfen, Gottes Wort zu verstehen und darauf zu achten.

7.1 Die Bibel muss buchstäblich erklärt werden

Nach alledem, was wir über die Bildersprache der Bibel gesagt haben, scheint dieses vielleicht ein Widerspruch zu sein. Aber das Wort „buchstäblich" ist zweideutig. Es gibt eine ganz „hölzerne" Buchstäblichkeit, die uns an das Wort des Paulus erinnert: „Der Buchstabe tötet, aber der Geist macht lebendig" (2Kor 3,6). Aber so gebrauchen wir das Wort hier nicht. Wenn wir von Buchstäblichkeit sprechen, dann meinen wir, dass wir dem Text nicht einen anderen Sinn beilegen dürfen als den, den der Schreiber ursprünglich vermitteln wollte. Das ist selbstverständlich nicht immer leicht.

In jeder Sprache gibt es eine Unmenge von Wörtern, die einen allgemein anerkannten Sinn haben. Wenn dem nicht so wäre, könnten wir uns nicht in verständlicher Weise unterhalten. Wir haben Namen für Dinge (Stock, Fuß, Tür), für Tätigkeiten (laufen, gehen, essen), für Gefühle (Furcht, Hass, Liebe). Wir haben Umstandswörter (schnell, langsam), Eigenschaftswörter (schön, klein, grün) und abstrakte Begriffe (Geschichte, Gerechtigkeit, Kraft) usw.

In jeder Sprache gibt es auch Wörter, die mehr als nur eine Bedeutung haben, und deshalb muss man auf den Zusammenhang achten, in dem sie gebraucht werden. Auch hat jede Sprache Synonyme. Aber wenn bekannte Wörter in irgend einer Sprache in gewissen Zusammenhängen gebraucht werden, haben sie einen allgemein anerkannten Sinn, und dadurch wird mündliche oder schriftliche Kommunikation erst ermöglicht.

Buchstäbliche Auslegung der Schrift bedeutet einfach, dass man den Wörtern des biblischen Textes den normalen, gewöhnlichen Sinn gibt. Und wenn dieses geschieht, steht das nicht im Widerspruch zur Bildersprache. Auch Bildersprache muss „buchstäblich" ausgelegt werden, d.h. man muss fragen: was wollte der Schreiber mit diesem Bild sagen? Wenn man die Wahrheit, die durch das Bild ausgedrückt wird, richtig erfasst, hat man buchstäblich ausgelegt. Wenn z.B. der Löwe als Bild der Kraft benutzt wird, ist das nur deshalb möglich, weil man dieses Tier tatsächlich als mächtig kennt. Die symbolische Bedeutung von Sarah und Hagar (Gal 4,21-31) kann man nur dann verstehen, wenn man die Geschichte dieser Frauen und ihrer Söhne im konkreten Sinn verstanden hat.

Dass in der Heiligen Schrift tiefe geistliche Wahrheiten verborgen liegen, ist jedem Bibelleser klar. Aber den tieferen Sinn des Wortes Gottes kann man nur durch den buchstäblichen Sinn ableiten.

In den ersten Jahrhunderten des Christentums gab es zwei sogenannte hermeneutische Schulen: (a) die alexandrinische, die recht allegorisch auslegte, und (b) die antiochische, die mehr buchstäblich auslegte. Bei der Allegorie fragt man nicht danach, was der biblische Schreiber eigentlich sagen wollte, sondern man liest Wahrheiten aus anderen Schriftteilen in irgendeinen Text hinein. Das dürfen wir nicht tun; wir müssen immer nach dem ursprünglichen Sinn des Textes fragen, und das ist gemeint, wenn hier von buchstäblicher Auslegung gesprochen wird.

Buchstäbliche Erklärung soll auch nicht als oberflächliches Studium verstanden werden. Es gibt ein oberflächliches Bibelwissen, das wenig zum Verständnis der biblischen Wahrheiten beiträgt. Wenn man z.B. weiß, wieviele Kapitel in jedem Buch der Bibel sind; welches das längste oder das kürzeste Kapitel in der Bibel ist; oder wenn man große Teile der Bibel auswendig gelernt hat und Verse aus allen Büchern der Bibel zitieren kann, darf man noch nicht von großer Bibelkenntnis reden. Dass man den Inhalt der Bibel kennt, gehört ja zum ABC des Schriftstudiums, aber bei der Hermeneutik geht es um viel mehr: wir wollen wissen, was Gottes

Wort über die tiefsten Fragen des Lebens zu sagen hat; wir wollen geistlich erbaut werden, ermutigt, ermahnt und getröstet.

Das geschieht aber nicht, wenn wir allerlei Fremdgut in den biblischen Text hineinlegen. Wir müssen fragen: was wollte der Schreiber mit diesen Worten sagen? Die buchstäbliche Auslegung hält unsere Phantasie in Schranken; sie übt Kontrolle über unser Denken.

7.2 Man muss zwischen Erklärung und Anwendung unterscheiden

Ein Wort der Heiligen Schrift hat eigentlich nur eine Bedeutung. Als der biblische Schreiber, vom Heiligen Geist geleitet, sein Buch schrieb, wollte er etwas ganz Bestimmtes mitteilen. Und die Exegese ist das Entziffern, das Erklären dieses Sinnes. (Dass die neutestamentlichen Schreiber einem alttestamentlichen Wort mitunter einen tieferen Sinn geben, ist eine andere Sache.) Hermeneutik will aber nicht nur den ursprünglichen Sinn des Textes aufdecken, sondern die Schrift praktisch auf unser Leben anwenden. Nur auf diesem Wege bleibt Gottes Wort lebendig.

Wir leben im zwanzigsten Jahrhundert und fragen uns unwillkürlich, wenn wir die Bibel lesen: was will sie mir heute sagen? Nur so kann man die Heilige Schrift erbaulich lesen. Was Paulus vom Alten Testament sagte, gilt bestimmt auch für das Neue: „Was zuvor geschrieben ist, das ist uns zur Lehre geschrieben“ (Röm 15,4). Beim Studium der Heiligen Schrift müssen wir uns ab und zu an das Wort des Paulus an Timotheus erinnern: „Alle Schrift, von Gott eingegeben, ist nütze zur Lehre, zur Aufdeckung der Schuld, zur Besserung, zur Erziehung in der Gerechtigkeit, dass ein Mensch Gottes sei vollkommen, zu allem guten Werk geschickt“ (2Tim 3,16). Dieses ist ja das Endziel alles Bibelstudiums und daher dürfen wir nicht allein bei der Interpretation eines Textes stehen bleiben; wir müssen auch stets nach der Anwendung auf unser Leben fragen.

Die Anwendung wird selbstverständlich recht verschieden sein, denn die Leser der Schrift befinden sich in recht verschiedenen Lebenslagen und kommen mit sehr verschiedenen Anliegen und Fragen an die Schrift heran. Wenn z.B. Jesaja, nachdem er vom Herrn im Tempel die Frage gehört hat: „Wen soll ich senden? Wer will unser Bote sein?“, die Antwort gibt: „Hier bin ich; sende mich!“ (6,8), dann hatte dieses Wort im Leben des Propheten eine bestimmte Bedeutung. Aber wenn wir diese Worte heute lesen und uns fragen: wie wende ich sie an? Dann wird das sehr verschieden geschehen. Für den einen kann dieses Wort Gottes Ruf in die Mission sein; für den anderen ist es vielleicht ein Wink (um Jesu Worte zu gebrauchen), dem Durstigen kaltes Wasser zu trinken zu geben.

Wenn Johannes der Täufer seinen Jüngern erklärt, dass Jesus zunehmen und er abnehmen muss (Joh 3,30), dann hatte das in jener Situation eine bestimmte Bedeutung. Die Jünger des Johannes konnten die zunehmende Popularität Jesu nicht gut verkraften und klagten darüber. Aber der Täufer wusste, dass er selbst nur Vorläufer war; der Größere würde nach ihm kommen und er freute sich wie ein Freund des Bräutigams, des Bräutigams Stimme zu hören. Aber wieviele Male haben Gotteskinder schon beim Lesen dieses Abschnitts, diese Aussage des Täufers auf sich angewandt: „Er muss wachsen; ich aber muss abnehmen."

Wenn Paulus die Leser auffordert, sich nicht voll Wein zu saufen (Eph 1,18), hatte er etwas ganz spezifisches im Sinn. Aber die Anwendung dieser Warnung muss nicht allein auf Wein beschränkt werden. Ich meine nicht nur, dass Bier, Wodka und Drogen auch unter diese Rubrik kommen, sondern die Anwendung darf über das Physische hinaus gehen und sogar auf Ideen angewandt werden, mit welchen Menschen sich mitunter gleichsam betrinken. In Galater 5,2 warnt Paulus Heidenchristen vor der Beschneidung als Heilsgrundlage. Das wäre Werkgerechtigkeit. Luther wandte diesen Text auf den Ablasshandel an. Und wie wenden wir ihn heute an? Wenn es Dinge in unserem Leben gibt, eingeschlossen religiöse und moralische Gewohnheiten, die uns Heilsgewissheit geben sollen, dann verlassen wir uns auf die „Beschneidung".

Wie wenden wir den Missionsbefehl Jesu an (Mt 28,19-20)? Die Apostel führten ihn in einer bestimmten Weise aus. Und wir? Der eine wird Prediger, der andere Missionar; ein anderer unterstützt die Sache des Herrn mit Geld, eine andere tut Fürbitte für Gottes Knechte; noch ein anderer hilft Menschen in ihrer Not, oder gibt Zeugnis vom Evangelium auf seiner Arbeitsstelle. Die Mutter erzieht ihre Kinder im christlichen Glauben; die Krankenschwester steht am Bett der Leidenden. Da gibt es unendlich viele Möglichkeiten in der Anwendung des Missionsbefehls.

Biblische Geschichtsbücher sind vielleicht schwerer anzuwenden als die Bücher, in denen göttliche Wahrheiten explizite gelehrt werden. Wie z.B. würden wir die Josephsgeschichten anwenden? Sie sind uns nicht nur zur Information gegeben worden, sondern wir sollen aus ihnen etwas lernen für das christliche Leben. Immer wieder hat man diese Geschichten allegorisch ausgelegt, aber dabei kommt wenig für das christliche Leben heraus. Wir wollen einmal z.B. Joseph mit Christus vergleichen. Joseph war ein Hirte, Jesus auch; Joseph wurde vom Vater geliebt, Jesus auch; Joseph wurde von seinen Brüdern gehasst, Jesus auch; Joseph nahm sich eine Braut aus den Nationen, Jesus auch; Joseph siegte über Versuchung, Jesus auch; usw., Doch so gewinnt man nichts fürs Leben. Wenn man dagegen fragt: warum waren Josephs Brüder gegen ihn? Kann man schon einiges lernen. Einmal war der Vater daran Schuld, denn er bevorzugte ihn (da können Eltern für die Kindererziehung etwas lernen.) Zum anderen dachte Joseph groß von sich selbst; dieses drückte sich in seinen Träumen, die er seinen Brüdern mitteilte, aus. Die Geschichte vom Sieg über die Versuchung im Hause Potiphars hat selbstverständlich eine ganz konkrete Anwendung. Wenn Paulus viele hundert Jahre später die Korinther ermahnte, der Unzucht zu fliehen, dachte er womöglich an diese Begebenheit (1Kor 6,18). Josephs Gottvertrauen; seine Treue in der Arbeit bei Potiphar; seine Sorge um seinen Vater und seine Brüder, und zuletzt noch, dass er die Gnade hatte, seinen Brüdern ihre Missetaten zu vergeben, können ganz praktisch angewandt werden.

Ich hörte vor Jahren Dr. Murdo MacDonald von Schottland über Hiob 40,25 eine Predigt halten. Der Text stellt die Frage: „Kannst du mit Hacken den Leviathan zähmen?“ (so heißt es im Englischen). Die Frage hatte in der Erfahrung Hiobs eine bestimmte Bedeutung. Gott wollte Hiob durch diese Frage demütigen. MacDonald erklärte dieses in seiner Einleitung. Aber nachdem er den ursprünglichen Sinn des Textes erklärt hatte, ging er über auf die Anwendung, und fragte, wie man den Leviathan heute im persönlichen und Volksleben überwinden kann. Recht verschiedene Hacken, so erklärte er, hat man schon ausprobiert: Einige meinen das Böse durch Bildung zu überwinden. Andere durch materiellen Wohlstand. Noch andere sehen in der modernen Technik die Lösung. Zum Schluss aber wies MacDonald darauf hin, dass es eigentlich nicht in unserer Macht steht, den Leviathan zu zähmen. Daher müssen wir uns auf Gott und seine Gnade verlassen.

Angenommen wir lesen den Adventstext: „Sie wird einen Sohn gebären, den werden sie heißen Immanuel, das ist verdolmetscht: Gott mit uns“ (Mt 1,22). Da müssten wir zunächst einmal fragen, was dieses Wort zur Zeit des Jesaja und des Königs Ahas bedeutete, denn dieses ist ein Zitat aus Jesaja 7,14. Aber wir dürfen nicht im 8. Jahrhundert v.Chr. stehen bleiben; wir müssen dann auch fragen, was bedeutete dieses Wort für Joseph, der sich in einer sehr heiklen Situation befand?

Aber auch das genügt noch nicht. Aus dem ersten Jahrhundert müssen wir dieses Wort ins 20. übertragen und fragen: was bedeutet es für uns, für mich heute, wenn wir uns an Jesu Geburt erinnern und wir in unserer Not das tröstende Wort hören: „Gott mit uns"?

Die Anwendungen können recht verschieden sein, aber sie müssen in natürlicher Weise aus dem Sinn des Textes fließen. Forcierte Anwendungen soll man meiden; auch komische Anwendungen, oder sogar beleidigende, darf man nicht machen. Wenn z.B. ein Prediger von seiner Gemeinde Abschied nimmt und sich für seine Abschiedspredigt den Text aus 1.Mose 22,5 wählt („Bleibt ihr hier mit dem Esel. Ich und der Knabe wollen dorthin gehen"), dann muss man allen Respekt vor dem Prediger verlieren.

Beim Lesen des letzten Buches der Bibel werden immer wieder forcierte und gekünstelte Anwendungen gemacht. Das kommt daher, dass uns apokalyptische Literatur nicht so vertraut ist. Wenn z.B. Johannes einen Stern vom Himmel fallen sieht, der dann ein Drittel der Wasser zu Wermut verwandelt (Offb 8,10-11), dann darf man das nicht einfach auf die Verschmutzung der Gewässer durch chemische Stoffe im 20. Jahrhundert anwenden. Und wenn man das Heraufsteigen der Heuschrecken aus dem Abgrund (Offb 9) auf die französische Revolution anwendet, dann handelt man rein willkürlich. Auch darf man das Verschlingen des Büchleins durch den Seher Johannes (Offb 10) nicht auf die protestantische Reformation in 16. Jahrhundert anwenden; auch darf man die zwei Zeugen (Offb 11) nicht einfach auf Luther und Melanchton beziehen. Solche Anwendungen sind nicht nur rein willkürlich, sondern sie tragen auch nicht zur geistlichen Erbauung bei. Ganz anders steht die Sache, wenn man sich z.B. mit den zwei Zeugen der Endzeit identifiziert und in ihre Leiden und endgültigen Siege hineinbezogen wird. Die drei Frösche (Offb 16) waren in Luthers Augen: Faber, Emser und Eck; ein anderer Ausleger meint, es seien dic modernen Lautsprecher; noch ein anderer wendet sie auf die deutschen Universitäten an. Das ist nicht nur willkürlich, sondern auch Unsinn. Diese unreinen Geister, gleich Fröschen, kommen aus dem Munde des Drachen, d.h. des Satans; es sind Teufelsgeister, welche die gottlosen Könige der Erde zum letzten Streit treiben. Die Anwendung auf unsere Zeit oder auf uns persönlich, muss also auf einer anderen Linie liegen: wir müssen uns gegen böse Geister wappnen, gegen die listigen Anläufe des Teufels (Eph 6,11).

Mitunter machen Bibelleser Anwendungen auf die heutige Zeit und meinen dann, dass sie den ursprünglichen Sinn des Schreibers richtig erfasst haben. Aber die Erklärung des Textes im biblischen Kontext und die Anwendung auf unser Leben heute, sind zwei verschiedene Dinge. Ernste Bibelleser, die ständig mit Gottes Wort umgehen, bekommen oft ein inneres Gefühl für richtige Anwendungen, auch wenn sie wenig von den Regeln der Hermeneutik wissen. Aber in pietistischen Kreisen, wo man oft mehr Gewicht auf praktische Anwendungen legt, steht man mitunter in Gefahr, an der sorgfältigen Erklärung des Textes vorbeizugehen.

7.3 Die natürlichste Erklärung ist in der Regel vorzuziehen

Wenn eine Erklärung des biblischen Textes gekünstelt oder kompliziert ist, sodass scheinbar nur Fachleute den wahren Sinn der Schrift begreifen können, dann muss man die Auslegung in Frage stellen. Die Schreiber der Bibel waren darum bemüht, ihre Botschaft so auszudrücken, dass die einfachen Leser, die zur Zeit des Autors lebten, verstehen konnten, was sie sagen wollten. Damit sagen wir aber nicht, dass der Sinn eines Schriftwortes immer an der Oberfläche liegt, oder dass man ohne Mühe Gottes Wort in seiner Tiefe und Vielseitigkeit augenblicklich erfassen kann. Zudem, was dem einen Bibelleser als natürlicher Sinn des Textes erscheint, passt dem anderen gar nicht in den Sinn. Hier spielen Sprachkenntnisse, geschichtliches Wissen, Beziehungen zu der jüdischen und hellenistischen Kultur und andere Dinge eine Rolle.

Wie schon gesagt, Gottes Wort ist für ganz gewöhnliche Leser geschrieben worden, und wenn Fachleute Bibeltexte in sehr komplizierter Weise zu erklären versuchen, dann wird der Text mehr verhüllt als erhellt. Man hört mitunter die ironische Bemerkung, dass die Heilige Schrift leichter zu verstehen ist als die komplizierten Kommentare, welche die Bibel zu erklären versuchen.

Die Bitte im Vaterunser: „Unser täglich Brot gibt uns heute“ (Mt 6,11), ist allgemein verständlich. Selbst in Ländern, in denen man nicht Weizenbrot backt, versteht man diese Bitte um tägliche Nahrung. Schaut man aber auf die Geschichte der Auslegung dieser Bitte, dann merkt man bald, dass der natürliche Sinn dieser Bitte gar nicht als so selbstverständlich angenommen worden ist. Zur Zeit des Kirchenvaters Augustinus z.B. hat man diese Bitte auf das Abendmahl bezogen. Andere Ausleger meinen, es geht hier um das Festmahl im himmlischen Reich, an dem der Beter so gerne teilhaben möchte. Weil die anderen Bitten im Vaterunser mit geistlichen Dingen zu tun haben, meinte man, diese Bitte um das tägliche Brot auch geistlich erklären zu müssen. Aber man kann der natürlichen Bedeutung dieser Bitte nicht aus dem Wege gehen.

Als Jesus zu Simon Petrus sagte: „Du bist Petrus, und auf diesem Felsen will ich bauen meine Gemeinde“ (Mt 16,18), sollte man nicht nach Auswegen suchen, um diese Verheißung zu umgehen. Petrus steht eben an der Spitze der zwölf Apostel, und was Jesus hier von Petrus sagt, wird von allen Aposteln gesagt (Mt 18,18). Die Gemeinde ist gegründet auf dem Grund der Apostel und Propheten (Eph 2,20). Im Kampf gegen die römische Kirche haben jedoch protestantische Bibelleser immer wieder nach Wegen gesucht, dieses Wort Jesu abzuschwächen. Jesu Worte machen Petrus nicht zum Vertreter Gottes auf Erden; auch haben sie nichts mit dem Papsttum zu tun. Petrus hatte eine einmalige Aufgabe in der Heilsgeschichte.

Bibelleser, die an der Lehre der ewigen Sicherheit der Gläubigen festhalten, können den natürlichen Sinn der Worte Jesu in Johannes 15,2 schwer verstehen: „Eine jegliche Rebe an mir, die nicht Frucht bringt, wird er wegnehmen.“ So wie ein Winzer eine dürre Rebe abschneidet, so geht es denen, die nicht in Christus bleiben („Wer nicht in mir bliebt, der wird weggeworfen“, V.6). Weil diese Aussagen des Herrn schwer mit der Lehre der ewigen Heilsgewissheit zu vereinbaren sind, hat man nach phantastischen Erklärungen gesucht. Ein Ausleger deutet das Wort „wegnehmen“ mit dem Verb ‚sterben‘. In anderen Worten: wenn ein Gläubiger nicht Frucht trägt, nimmt Jesus ihn zu sich in den Himmel. Das ist aber gerade das Gegenteil dessen, was der Text sagt.

Wenn Petrus von Christus sagt, dass er „unsere Sünden selbst hinaufgetragen hat an seinem Leibe auf das Holz, damit wir, der Sünde abgestorben, der Gerechtigkeit leben, durch welches Wunden ihr seid heil geworden“ (1Petr 2,24), meint er doch bestimmt, dass wir durch den stellvertretenden Tod Jesu gerettet worden sind. Das wäre der natürliche Sinn des Textes. Wenn man aber aufgrund dieses Bibelwortes zu beweisen versucht, dass der Tod Jesu die Heilung unserer physischen Krankheiten garantiert, dann gibt man dem Text einen unnatürlichen Sinn. Es ist schon so, dass Krankheiten als Folge der Sünde in die Menschheit eindrangen, aber Krankheiten müssen nicht gesühnt werden; sie sollen eines Tages, wenn wir erst beim Herrn sind, weggeräumt werden. Auch heute heilt der Herr mitunter in ganz wunderbarer Weise, aber unser Text handelt von der Erlösung aus Sünde und Tod.

7.4 Schwierige Texte müssen im Licht des Schriftganzen erklärt werden

Zur Zeit der protestantischen Reformation pflegte man zu sagen, dass die Bibel selbst ihr bester Ausleger war (*scriptura sacra sui ipsius interpres*). Die Reformatoren wollten damit die Deutlichkeit, Verständlichkeit und Klarheit der Schrift betonen. Die mittelalterliche Kirche meinte dagegen, dass sie allein das Prärogativ hätte, die Schrift zu erklären; die Reformatoren betonten wiederum, dass Gottes Wort nicht durch den Filter kirchlicher Traditionen und Dogmen gelesen werden sollte. Daher fürchteten sie sich auch nicht, dem gewöhnlichen Menschen die Bibel in seiner Muttersprache in die Hand zu geben, denn wer die Heilige Schrift liest, wird auch die schwierigen Text im Lichte der Ganzheit der Bibel lesen und nicht aufgrund dunkler Texte Irrlehren aufbauen. Und was in einem Schriftteil dunkel zu sein scheint, wird in einem anderen erhellt, sodass wir nicht irrezugehen brauchen.

Selbstverständlich muss man zunächst einmal die einzelnen Bücher, die einzelnen Kapitel und Verse lesen, bevor man die Heilige Schrift in ihrer Ganzheit verstehen kann. Das nennt man mitunter einen „hermeneutischen Zirkel“ – das Ganze versteht man aufgrund der einzelnen Teile, und die einzelnen Teile aufgrund des Ganzen. Also klar, da gibt es ein Hin und Her zwischen dem Ganzen und den Teilen.

Nehmen wir z.B. noch eine weitere Bitte im Vaterunser: „Führe uns nicht in Versuchung“ (Mt 6,13). Warum sollen wir so beten? Führt Gott seine Kinder tatsächlich in Versuchung? Nun, da gilt es auf das Schriftganze zu achten. Wir suchen nach Parallelstellen. Da hilft uns Jakobus 1,13, wo uns gesagt wird, dass Gott niemanden zum Bösen versucht. Ja, wenn dem so ist, dann geht es bei dieser Bitte nicht spezifisch um die Versüchung zur Sünde. Auch haben wir schon im ersten Buch der Bibel eine Geschichte, die uns hilft, das Wort „Versuchung“ besser zu verstehen. Gott „versuchte“ Abraham, als er ihm befahl, seinen Sohn zu opfern (1Mo 22). Im Blick auf den Ausgang der Geschichte ging es bei dieser Versuchung um eine Probe, eine Prüfung des Gehorsams von Abraham. Gott stellt also seine Kinder auf die Probe, und weil wir uns unserer eigenen Schwachheit so bewusst sind, beten wir, dass er uns vor schweren Prüfungen bewahren möchte. Auch darf man die Verheißung Jesu: „Ich will dich bewahren vor der Stunde der Versuchung“ (Offb 3,10) nicht als Grundlage für die Lehre der Entrückung vor der Trübsal gebrauchen.

Damit haben wir das Gebiet der Eschatologie berührt, und auf diesem Gebiet ist es besonders wichtig, dass man einzelne Schriftworte im Lichte des Schriftganzen versteht. Es werden z.B. verschiedene Bilder gebraucht, um das Kommen des Herrn am Ende dieses Zeitalters darzustellen. Man darf also nicht einen Text herausgreifen und darauf eine Hauptlehre aufbauen, ohne auf andere Texte zu achten. Laut 1.Thessalonicher 4,13-18 kommt der Herr in den Wolken des Himmels, um seine Gemeinde heim zu holen; man nennt diese wunderbare Begebenheit die „Entrückung". Aber in 2.Thessalonicher 1, wo auch das Kommen des Herrn beschrieben wird, sieht diese Begebenheit anders aus. Hier wird uns gesagt, dass er mit Feuerflammen kommt und die, welche das Evangelium von sich gestoßen haben, werden gerichtet werden. Da gibt es aber noch andere Bilder. In Offenbarung 7 und 14 kommen die Nachfolger des Lammes nach Hause auf den Berg Zion; sie kehren heim von ihrer langen Erdenreise. Dagegen schildert Johannes das glänzende Kommen des Herrn als Kampf, in welchem er mit dem Tier und seinen Anhängern aufräumt (Offb 19). So ist der Tag des Herrn also ein herrlicher Tag für die Kinder Gottes, aber ein dunkler Tag für die Gottlosen, was auch schon der Prophet Amos zu seiner Zeit lehrte (Amos 5,20).

Wenn man fragt: was lehrt die Bibel über das Jenseits? Dürfen wir uns nicht auf einen einzigen biblischen Text beschränken. Jesus sprach von des Vaters Haus, welches viele Wohnungen hat (Joh 14,2). Im Gleichnis vom reichen Mann und dem armen Lazarus wird Lazarus von Engeln in Abrahams Schoß getragen (Lk 16,22). Das Wort *kolpos* bedeutet eigentlich „Busen". Jedenfalls ist der Ehrenplatz an der himmlischen Tafel gemeint (Johannes lag beim letzten Mahl an der Brust Jesu, Joh 13,23). Jesus sprach aber auch von den „ewigen Zelten", in welchen die Seinen aufgenommen werden sollen (Lk 16,9). Einige Male wird die himmlische Wohnung der Gläubigen als Paradies bezeichnet (Offb 2,7). Zuletzt aber haben wir das Bild von der goldenen Stadt, das neue Jerusalem (Offb 21), wie auch ein wiederhergestelltes Paradies (Offb 22). Wenn wir also vom himmlischen Dasein der Kinder Gottes sprechen, dann dürfen wir nicht nur ein Bild aus dem Schriftganzen herausgreifen.

Mitunter ist es hilfreich, wenn man Paralleltexte heranzieht, um klarer zu sehen, was über eine gewisse Wahrheit im Rahmen der ganzen Heiligen Schrift gesagt wird. Wenn man z.B. über die Rechtfertigung durch den Glauben ein Studium machen wollte, müsste man eigentlich mit Abraham anfangen (1Mo 15 und 17). Auch Habakuk 2,4 müsste in Betracht gezogen werden; dann kann man sich auf den Römer- und Galaterbrief konzentrieren. Auch Hebräer 10,38 muss beachtet werden. Ohne jedoch Jakobus 2 in Betracht zu nehmen, wird man doch nicht das ganze Bild sehen.

Der Grundsatz, dass einzelne Texte im Licht des Schriftganzen erklärt werden müssen, hat noch eine andere Seite. Die sogenannten „dunklen“ Bibelstellen müssen auch im Licht der Hauptlehren der Heiligen Schrift verstanden werden. Wenn wir oben betonten, dass die Bibel nicht ein verschlossenes Buch ist, sondern eine göttliche Botschaft, welche die Leser verstehen sollen, dann wollen wir damit nicht sagen, dass es nicht recht verschleierte Schriftabschnitte gibt. Aber diese „dunklen“ Texte rütteln nicht an den klaren heilsamen Lehren der Bibel.

Kürzlich fragte mich jemand: Wie verstehst du 1. Mose 6, wo gesagt wird, dass die Söhne Gottes sich Töchter der Menschen zu Frauen nahmen? Ich gab ihm einige mögliche Erklärungen: a.) Söhne Gottes waren die Nachkommen Seths, die sich mit Mädchen aus der Linie Kains vermählten: Gottesfürchtige heirateten Gottlose. b.) Söhne Gottes waren Fürsten, Könige, die ihren Harem aufbauten, indem sie eine Frau nach der anderen nahmen. c.) Söhne Gottes und Töchter der Menschen waren einfach nur zwei Bezeichnungen für „Menschen“. (Sie sind im Bilde Gottes geschaffen, also Söhne Gottes, und sie sind Menschen; also göttlich und irdisch.) Ihre Übertretung bestand darin, dass sie die Polygamie pflegten und dass sie sich allein von physischen Begierden leiten ließen. Eine Auslegung d.), die ich dem Fragesteller aber nicht empfahl, war die mythologische, nämlich dass Engelwesen sich mit Mädchen hier auf Erden vermählten wie das z.B. bei den heidnischen Göttern immer wieder der Fall war. Aber gerade auf diese letzte Erklärung bestand der Fragesteller. Wenn wir jedoch diese dunkle Stelle im Lichte des Schriftganzen betrachten, dann ist das Vermählen zwischen Engeln und Menschen doch recht problematisch, denn auf die Frage der Sadduzäer über die Ehe im Himmel (Mk 12,25) antwortete Jesus: „Wenn sie von den Toten aufstehen werden, so werden sie nicht freien noch sich freien lassen, sondern sie sind wie die Engel im Himmel“. Engel heiraten also nicht.

Eine problematische Stelle im Neuen Testament ist 1.Petrus 3,19-20, wo es heißt: „... in demselben ist er auch hingegangen und hat gepredigt den Geistern im Gefängnis, die Vorzeiten nicht glaubten, da Gott harrte und Geduld hatte zu den Zeiten Noahs, da man die Arche zurüstete.“ Die *erste* Frage wäre: Wer sind die Geister im Gefängnis? A.) Ungläubige Menschen, die gestorben waren?

B.) Alttestamentliche Gläubige, die gestorben waren? C.) Gefallene Engel? Eine *zweite* Frage wäre: Was hat Christus gepredigt? A.) Eine zweite Gelegenheit zur Buße? B.) Das vollendete Erlösungswerk? C.) Endgültige Verdammnis? Dann wäre noch eine *dritte* Frage: Wann hat Christus gepredigt? A.) In den Tagen Noahs? B.) Zwischen Tod und Auferstehung? C.) Nach seiner Auferstehung? – Hier gibt es also eine Unmenge von Fragen und in diesem Fall sind die Ausleger selbstverständlich nicht einer Meinung. Wie immer wir diese Fragen beantworten, eines dürfen wir nicht tun: aufgrund dieser Stellen eine Lehre formulieren, die dem Schriftganzen widerspricht. Oft können wir einfach nur mögliche Erklärungen angeben, ohne eine bestimmte Auslegung zu verteidigen. Auch schadet es nicht, wenn wir bei gewissen Texten einfach sagen: Ich weiß es nicht. **Blaise Pascal** soll einmal gesagt haben, dass wir in der Bibel genug Licht haben, um die Erwählten zu erleuchten, aber auch genug Geheimnisse, um sie demütig zu halten.

Zum Grundsatz, dass die Bibel sich selbst erklärt, dürfen wir zum Schluss noch einige Erläuterungen hinzufügen: a.) Hauptlehren müssen auf Grund von klaren Haupttexten formuliert werden; b.) Exegese geht immer der Glaubenslehre voraus (sonst sind wir in Gefahr, die Bibel durch die Brille unserer Dogmatik zu lesen); c.) Glaubenslehren dürfen nicht über den Rahmen der Schrift hinausgehen; d.) Keine Hauptlehre sollte auf Grund einer einzigen Bibelstelle allein formuliert werden.

7.5 Auslegungen sollten in Gemeinschaft mit anderen Bibellesern wie auch durch Lebenserfahrungen geprüft werden

Das private Bibelstudium sollte ständig gepflegt werden. Wer jedoch nur für sich allein Gottes Wort liest, kann manches übersehen oder sogar falsch verstehen und verkehrt anwenden. Daher sollte man, wenn es sonst möglich ist, mit anderen zusammen Bibelstudium machen. Zum Teil geschieht dieses auch, wenn Gemeindeglieder eine Predigt oder Bibellese hören, und sie das Gehörte prüfen oder besprechen dürfen. In einer gläubigen Gemeinde wird ein Bibellehrer, der die Heilige Schrift falsch auslegt, nicht sehr weit kommen. Aber auch da, wo man sich ernstlich bemüht, dem Worte Gottes treu zu sein, trifft der Ausleger es nicht immer, und dann muss mitunter Korrektur geübt werden. Hier gilt es auf Paulus'

Wort zu achten: „Weissagungen verachtet nicht. Prüft aber alles, und das Gute behaltet“ (1Thess 5,20-21).

Auch wenn man nicht zu einem Bibelkreis gehört, kann man „mit allen Heiligen“ begreifen (Eph 3,18), indem man sich gute Hilfsliteratur anschafft. Dazu gehört ein biblisches Lexikon, eine Konkordanz, einige Übersetzungen und einige gute Kommentare, die den Text erklären. Die biblischen Kommentare werden ja auch nicht immer in allen Details übereinstimmen, aber wenn man einige Kommentare benutzt, kann man vor dem Abgleiten in irgendeine Richtung bewahrt bleiben. Auch helfen uns Bücher über die Sitten und Gebräuche der Völker aus anderen Ländern, die Schrift besser zu verstehen. Kirchengeschichten und Bücher über die Hauptlehren der Bibel sind auch sehr hilfreich, denn sie zeigen uns, wie man durch die vielen Jahrhunderte Gottes Wort verstanden hat.

Auch müssen biblische Lehren durch die Lebenserfahrung der Gläubigen geprüft werden. Die christliche Vollkommenheit (Perfektionismus) ist mitunter in einer Weise verstanden worden, als wenn es so wäre, dass Gotteskinder entweder durch eine durchgreifende Erfahrung oder durch einen Heiligungsprozess tatsächlich so weit kommen könnten, dass sie nicht mehr sündigten. Aber wer da behauptet, so vollständig geheiligt zu sein, widerspricht nicht nur Gottes Wort (1Joh 1,8), sondern auch der christlichen Erfahrung. Durch die Wirkung des Geistes Gottes können wir über die Sünde Sieg haben, aber die Neigung zur Sünde bleibt.

In einigen Kreisen wird gelehrt, dass Kinder Gottes nicht arm zu sein brauchen. Das mag vielleicht in Kalifornien zutreffen, aber in Calcutta nicht. Überall in der Welt haben gläubige Menschen Mangel und Not. Auch haben wir eigentlich kein apostolisches Wort, das uns irdischen Wohlstand verspricht. Man beruft sich mitunter auf das alttestamentliche Vergeltungsgesetz, welches den Frommen irdisches Wohlergehen verspricht, aber das darf man nicht ohne weiteres auf den einzelnen Gläubigen anwenden.

Ähnlich steht die Sache mit Krankheiten. Die Lehre, dass alle Gotteskinder gesund sein können, wird durch Erfahrung untergraben. Wenn Gott auch hier und da in wunderbarer Weise heilt, so wissen wir doch, dass Krankheit und Tod unser Los hier auf der Erde ist. Und weil das Leben uns eines anderen belehrt, sollte man sich auch ernstlich fragen, ob man die Heilige Schrift in dieser Hinsicht richtig verstanden hat.

Auch wenn immer wieder Termine für die Wiederkunft des Herrn gesetzt werden, übersieht man, dass alle Versuche, die in der

Vergangenheit gestartet worden sind, bis jetzt fehlgeschlagen sind. Nicht nur Jesus und die Apostel haben uns gelehrt, dass man die Stunde nicht festlegen kann, sondern die Erfahrung hat bewiesen, dass solche Versuche eigentlich in nicht-biblischen Beobachtungen ihren Grund haben. Also muss unsere Schrifterkenntnis in Gemeinschaft mit anderen Bibellesern und durch die Lebenserfahrung geprüft werden.

7.6 Wenn wir scheinbare Gegensätze in der Heiligen Schrift haben, müssen wir beide Betonungen stehen lassen

Seit dem 16. Jahrhundert bis auf den heutigen Tag gibt es Auseinandersetzungen zwischen denen, die Calvins Lehre von der Souveränität Gottes betonen, und denen, die mehr nach der Lehre von Jakob Arminius neigen, in welcher die Verantwortlichkeit des Menschen unterstrichen wird. Aber man darf sich eigentlich nicht ausschließlich für die eine oder andere Betonung entscheiden; man muss beide Betonungen ernst nehmen. Es gibt eben recht viele Texte, in welchen die souveräne Gnade Gottes, die uns unser Heil verbürgt, betont wird. Aber es gibt auch recht viele Texte, in welchen die persönliche Verantwortung des Menschen unterstrichen wird. Paulus kann z.B. in Philipper 1,6 sagen: „Der in euch angefangen hat das gute Werk, der wird es auch vollführen bis auf den Tag Jesu Christi." Also ist unser Heil allein sein Werk. Aber schon im nächsten Kapitel heißt es: „Schafft, dass ihr selig werdet, mit Furcht und Zittern" (2,12). Beide Betonungen müssen ernst genommen werden.

Luther konnte den Jakobusbrief eigentlich nicht so recht leiden und nannte ihn eine „recht störende Epistel". In der deutschen Bibel steht Jakobus noch immer fast am Ende des Neuen Testaments, wo Luther ihn hinschob. In anderen Bibeln steht Jakobus vor den Briefen des Petrus und Johannes. Warum hatte Luther, wie er sagte, die Versuchung gehabt, den Jakobus in die Elbe zu werfen? Weil Jakobus schreibt: „So seht ihr nun, dass der Mensch durch Werke gerecht wird, nicht durch den Glauben allein" (2,24). Aber auch Paulus, der die Rechtfertigung durch den Glauben lehrt, hat recht viel über gute Werke zu sagen. Wiederum gilt es, beide Betonungen in Betracht zu ziehen.

In 1.Korinther 11 heißt es, dass die christliche Frau die Freiheit hat, (im Gottesdienst) zu beten und zu weissagen. Jedoch in

1.Korinther 14 sieht es fast so aus, als ob Paulus ihr die Freiheit, die er ihr in Kapitel 11 einräumte, wegnimmt. Hier heißt es: „Wie in allen Gemeinden der Heiligen lasset die Frauen schweigen in der Gemeinde“ (14,34). Ich illustriere einmal, wie man versucht hat, diese zwei Kapitel auf einen gemeinsamen Nenner zu bringen:

A. In Kapitel 11, so sagt man, geht es um den informellen Gottesdienst; in Kapitel 14 um den formellen. Bei den informellen Andachten der Gläubigen darf sie beten und weissagen, aber nicht im formellen Gottesdienst. – Leider gibt das Neue Testament keine Informationen über zwei Arten von Gottesdiensten.

B. Beten und Weissagen in Kapitel 11 ist einfach ein idiomatischer Ausdruck für das völlige Teilnehmen am christlichen Gottesdienst (in der jüdischen Synagoge hatten Frauen nicht diese Freiheit). Notwendigerweise mussten sie auch nicht weissagen. – Aber wir wissen, dass Frauen tatsächlich weissagten. Denken wir nur an die Töchter des Philippus.

C. Frauen hatten völlige Freiheit, in den Gottesdiensten zu beten und zu weissagen, aber, laut Kapitel 14, wird ihnen das Zungenreden in der Gemeinde verboten, weil sich dadurch die Unordnung im Gottesdienst noch mehr steigerte. – Es ist schon so, dass Kapitel 14 hauptsächlich vom Vergleich zwischen Zungenreden und Weissagen handelt, aber es ist gar nicht sicher, dass Paulus sein Redeverbot nur auf das Zungenreden bezog.

D. In Kapitel 11 hatte Paulus nur ledige Frauen im Sinn, als er ihnen die Freiheit zu beten und zu weissagen gab; verheiratete Frauen sollten die Untertänigkeit ihrem Mann gegenüber dadurch bekunden, dass sie in der Versammlung schwiegen. – Aber weder Kapitel 11 noch Kapitel 14 deuten an, dass Paulus zwischen ledigen und verheirateten Frauen in bezug auf ihre Teilnahme am Gottesdienst einen Unterschied machte.

E. Das Redeverbot in Kapitel 14 bezieht sich einfach auf das Sprechen untereinander während des Gottesdienstes. Männer und Frauen saßen damals in der Regel getrennt und Frauen störten den Gottesdienst, wenn sie sich mit ihren Schwestern während der Andacht unterhielten.

F. Das Schweigegebot bezieht sich auf das Fragenstellen im Gottesdienst. Christliche Frauen, die sich über biblische Lehren Klarheit verschaffen wollten, stellten im Gottesdienst immer wieder Fragen. Paulus wollte das nicht; „... wollen sie etwas wissen“, sagt er, „dann sollen sie zu Hause ihre Männer fragen.“

G. Das Schweigegebot in Kapitel 14 ist kulturbedingt. Weil es damals nicht üblich war, dass Frauen in der Öffentlichkeit redeten (Ausnahmen gab es übrigens), sollte das im christlichen Gottesdienst auch nicht geschehen, sonst würde die Gemeinde in den Augen der Umgebung in Verruf kommen. Auch muss bedacht werden, dass Mädchen damals in der Regel nicht zur Schule gingen, und die Männer hatten schon allein aus dem Grunde den Vorzug. Implizite darf es also sein, dass die christliche Frau erst besser geschult werden musste (und sie soll „lernen"; 14,35), um die Freiheit zu haben, in der Öffentlichkeit zu reden.

H. Das Schweigegebot bezieht sich auf das Prüfen und Beurteilen des prophetischen Wortes (14,29), denn dadurch würde die Frau gegen die Untertänigkeit ihrem Mann gegenüber verstoßen. – Aber dann müsste „reden" (14,34) als „prüfen" gelesen werden, und das scheint nicht der natürliche Sinn des Wortes zu sein.

Nun genug davon! Wir sehen schon, wie schwierig es sein kann, zwei Bibelabschnitte, die sich scheinbar widersprechen, zu harmonisieren.. Eines dürfen wir nicht tun: nur Kapitel 11 lesen, und Kapitel 14 unterdrücken (Übrigens gibt es Bibelforscher, die 1.Korinther 14,34 als unecht stempeln)! Viel schwieriger ist diese Frage, wenn man Galater 3,28 („hier ist nicht Mann noch Frau") dem Wort von Paulus in 1.Timotheus 2,12 („Einer Frau gestatte ich nicht, dass sie lehre, auch nicht, dass sie sich über den Mann erhebe, sondern sie sei stille.") gegenüber stellt. Auch muss man in solchen Fällen das ganze Neue Testament in Betracht ziehen, um zu erfahren, was die Heilige Schrift über den Dienst der Frau sagt.

Wenn eine Gemeinde zwischen zwei Betonungen, die scheinbar im Konflikt stehen, ihren Weg finden will, dann muss sie beide Betonungen ernst nehmen, und dann durch die Leitung des Geistes ihre Stellung zu klären suchen. Wenn sie dann mit der Zeit mehr Licht über diese Frage gewinnt, ist sie nicht gebunden, an früheren Beschlüssen auf ewig festzuhalten.

Als man sich im 18. Jahrhundert in England über den Calvinismus vis-à-vis den Arminianismus stritt, schrieb der Bibellehrer Charles Simeon: „Die Wahrheit liegt nicht unbedingt in der Mitte; auch nicht in einem Extrem allein, sondern in beiden Extremen. Manchmal bin ich ein guter Calvinist, manchmal ein bescheidener Arminianer. Also, wenn sie Extreme wünschen, dann bin ich Ihr Mann. Nur bedenken Sie, dass wir nicht zu einem, sondern zu beiden Extremen unterwegs sein müssen."

8

Die kulturelle Einkleidung der biblischen Wahrheiten

Die Welt der Bibel ist nicht unsere Welt. Auch ist die Welt der Bibel nicht einheitlich, denn das Schreiben der biblischen Bücher zog sich durch viele Jahrhunderte, und zwischen der Welt des Mose und der des Paulus ist ein großer Unterschied.

Unsere Welt ist auch nicht einheitlich. Afrika ist nicht Amerika; Europa ist nicht Asien. Sogar innerhalb Europas gibt es kulturelle Unterschiede. Aber was meinen wir eigentlich, wenn wir von Kultur sprechen? Das Wort wird mitunter im engeren Sinn für Poesie, Malerei, Musik, Drama usw. gebraucht. Diese Dinge, so sagt man, gehören zur „kulturellen" Seite des Lebens. Aber das Wort „Kultur" wird auch im anthropologischen Sinn gebraucht, besonders in der christlichen Missionssprache. In diesem Kapitel verstehen wir unter Kultur die Sitten und Gebräuche, durch die sich ein Volk vom anderen unterscheidet.

Dr. Günther Wieske vom Bund Evangelisch-freikirchlicher Gemeinden in Deutschland definiert Kultur folgendermaßen: „Sie ist Inbegriff aller menschlichen Bemühungen um die Bewältigung der Natur (Landwirtschaft, Technik usw.), die Regelung der zwischenmenschlichen Verhältnisse (Recht, Sitte, Brauchtum, Institutionen), sowie die leibliche und geistig-seelische Entfaltung des Menschen (Sprache, Kunst, Wissenschaft, Philosophie, Religion)" (Lausanne Dokumente, Bd 2, S. 1710).

In der Hermeneutik können wir gewaltige Fehler machen, wenn wir die Kulturen der alten Welt außer Acht lassen. Nicht alles, was in der Bibel erwähnt wird oder sogar zu jener Zeit praktiziert wurde, ist für alle Zeiten und in jeder Kultur anwendbar. Unsere Aufgabe als Bibelleser ist ja nicht, die Sitten und Gebräuche der Antike nachzuahmen, sondern die göttliche Botschaft zu hören und sie auf unsere Zeit anzuwenden.

Manche Bibelleser fürchten sich vor einer kulturellen Auslegung der Heiligen Schrift. Aber sie vergessen dabei, dass Gottes Botschaften an die Menschheit im Rahmen der semitischen und später der griechisch-römischen Kultur eingekleidet sind. Diese kulturellen Kleider dürfen wir nicht auf unsere Zeit übertragen, aber das Wort Gottes bleibt in alle Ewigkeit.

Wenn wir von der kulturellen Einkleidung der biblischen Botschaften sprechen, dann haben wir es leider nicht mit einer einheitlichen Kultur zu tun. Da haben wir die kanaanitische Kultur zur Zeit der Patriarchen und dann die ägyptische Kultur (Israel war 430 Jahre in Ägypten). Auch hatte Israel es immer wieder mit kleineren und größeren Mächten an seinen Grenzen zu tun – Syrien, Assyrien, Babylon und Persien. Nach der Rückkehr aus der babylonischen Gefangenschaft musste Israel sich auch noch mit den hellenistischen Mächten auseinandersetzen. Und zur Zeit Jesu und der Apostel beherrschte Rom die Welt rings um das Mittelmeer.

Wir können hier nicht ausführlich auf die Sitten und Gebräuche dieser verschiedenen Kulturen eingehen; nicht einmal die verschiedenen Seiten der israelitischen Kultur können wir besprechen. Aber ich nenne einmal einige größere Gebiete, welche uns den Sitz-im-Leben des Neuen Testaments vor Augen führen (ab und zu machen wir auch einen Abstecher ins Alte Testament). Hier und da versuchen wir auch noch zu illustrieren, wie die Kultur die Hermeneutik bestimmt.

8.1 Das materielle Gebiet

Wir beginnen mit den Wohnungen zur Zeit Jesu. Die meisten Familien wohnten in Einzimmerwohnungen, die mit Öllampen beleuchtet wurden. Die Tür öffnete man direkt zur Straße. Im Gleichnis vom bittenden Freund heißt es: „Die Tür ist schon zugeschlossen, und meine Kinder sind bei mir in der Kammer" (Lk 11,7). Die Häuser wurden oft ohne Fundament gebaut, und deshalb war es auch leicht möglich für Diebe durchzugraben (d.h. unter den Wänden, um zu stehlen – Mt 6,20). Jesus verglich Menschen, die seine Rede hörten und beachteten, mit einem klugen Mann, der sein Haus auf den Felsen statt auf Sand gebaut hatte (Mt 7,24-27).

Weil die Häuser flache Dächer hatten, gab es an der Außenseite des Hauses eine Treppe, um aufs Dach zu steigen. So machten es die vier Freunde, die den Gelähmten zu Jesus bringen wollten und nicht konnten, weil eine Volksmenge vor der Tür stand (Mk 2,1-12). Sie stiegen deshalb aufs Dach und „deckten" es auf und ließen den Kranken auf seinem Bett hernieder.

Auf dem Dach eines größeren Hauses gab es oft noch ein Obergemach (*anagaion*, Lk 22,12). Jesus aß das letzte Mahl mit seinen Jüngern in solch einem Obergemach; auch die 120, die in Jerusalem auf das Kommen des Geistes warteten, waren in einem Obergemach zusammen (Apg 1,13). Dieses Obergemach gebraucht man auch als

Gastzimmer. Als Petrus bei dem Gerber Simon in Joppe zu Gast war, ging er aufs Dach um zu beten (Apg 10,9). Also hilft uns eine Bekanntschaft mit den Wohnungen zur Zeit des Neuen Testamentes, entstand die Botschaft Jesu und der Apostel besser zu verstehen.

Dasselbe kann von der Arbeit gesagt werden: das Arbeiten mit den Händen wurde in Israel hoch geschätzt, und wird auch im Christentum hoch gewertet (1Thess 4,11; 2Thess 3,10; Eph 4,28). Manche Bilder in den Lehren Jesu kommen aus der Landwirtschaft. Das Gleichnis vom Sämann versteht man leichter, wenn man bedenkt, dass der Same damals mit der Hand ausgestreut wurde, und zwar vor dem Pflügen. Deshalb fällt der Same auch auf den harten Steg, auf das Felsige, wo es wenig Erde hatte, oder auch ins dornige Land (die Dornen sind übrigens im vorigen Herbst weggeräumt worden). Auf jeden Fall darf man nicht vom Standpunkt moderner Landwirtschaft an dieses Gleichnis herangehen.

Es wird nicht nur das Bild vom Säen gebraucht, sondern auch das Ernten spielt eine bedeutende Rolle im Neuen Testament. Johannes der Täufer weissagt vom kommenden Christus, der eine „Worfschaufel“ in der Hand haben und seine Tenne fegen wird und den Weizen in seine Scheune sammeln und die Spreu verbrennen wird (Mt 3,12). Ja, was ist eine Worfschaufel? Es ist eine Art Gabel, mit der man das ausgetretene Getreide in die Luft warf. Der Wind vertrieb die Spreu, der Weizen fiel auf die Tenne, und das Stroh wurde gesondert. Auch gebrauchte man eine Sichel zum Ernten, und dieses Schlagen der Sichel wird zum Bild für das Endgericht (Offb 14,15).

Auch haben wir es recht oft mit dem Fischfang zu tun. Jesus berief seine ersten Jünger, als diese ihre Netze ins Meer warfen (Mk 1,17). Man fischte mit dem Wurfnetz (Mk 1,16), oder mit dem Schleppnetz (Mt 13,47), oder auch mit der Angel (Mt 17,27). Immer wieder offenbarte sich Jesus bei Fischmahlzeiten, und deshalb sollte es uns auch nicht wundern, dass das Wort „Fisch“ (*ichthus*) zum Akronym für das Bekenntnis zu Christus wurde.

Dazu kommt noch das Hirtenleben. Obwohl Israel eine lange pastorale Tradition hatte, stand das Hirtenleben zur Zeit Jesu nicht in hohem Ansehen. Das ist wichtig, wenn man bedenkt, dass die Botschaft von der Geburt des Messias zuerst den Hirten verkündigt wurde. Recht viele Gleichnisse Jesu haben es mit Schafen (und Ziegen) und Hirten zu tun. Das Gleichnis von den Schafen und Ziegen (Mt 25) erklärt sich leichter, wenn man weiß, dass Schafe und Ziegen am Tage zusammen geweidet und zur Nacht getrennt wurden. Es ist also ein Bild aus dem täglichen Leben. Jesus gebraucht sogar Bilder aus dem Hirtenleben, um seine Mission zu erklären. Er ist der gute Hirte, und nicht so wie die Mietlinge (Joh 10,11-12); er ist die Tür zum Schafstall (10,7); er weidet seine Schafe und beschützt sie.

Hilfreich ist auch, wenn man mit dem Geldwesen zur Zeit Jesu vertraut ist. Münzen wurden schon lange vor Christus geprägt, und zur Zeit Jesu gab es römische, syrische und jüdische Münzen. Das Geldwechseln war also ein blühendes Geschäft, besonders bei den Festen in Jerusalem, denn im Tempel waren römische Münzen nicht erlaubt. Jesus trieb die Wechsler bei einer Gelegenheit aus dem Vorhof des Tempels (Joh 2,14). Die Münzen wurden mit griechischen Namen (*drachme, didrachmon, tetradrachmon, argyrion*), aber auch mit römischen Namen (*denarius, quadrans*) bezeichnet.

Zum Gebiet des Geschäfts gehörte auch das Steuerwesen, und das spielt im Neuen Testament eine bedeutende Rolle. Einer der zwölf Jünger Jesu war ein Zöllner gewesen. Das Gleichnis vom Pharisäer und Zöllner (Lk 18,9-14) kann man nicht so recht verstehen, wenn man nicht weiß, wie verachtet die Zöllner waren. Bei uns hat das Wort „Pharisäer" schon einen negativen Klang, aber im Judentum stand der Pharisäer an der Spitze der Frömmigkeit; der Zöllner dagegen war ein schlechter Mensch. Im Gleichnis aber wird der schlechte Mensch „gerechtfertigt" und der gute Mensch nicht, also gerade das Gegenteil dessen, was Jesu Hörer erwartet hätten. Gottes Gnade erreicht also auch den tief Gefallenen.

Geld und andere Schätze wurden mitunter in der Erde vergraben, und das erklärt die Entdeckung des Schatzes im Acker (Mt 13,44). Im Gleichnis von den anvertrauten Talenten vergräbt der eine Knecht sein Zentner in der Erde (Mt 25,18). Später wird er der Faulheit beschuldigt; er hätte seinen Zentner wenigstens den Wechslern übergeben können, um damit Zinsen zu gewinnen.

Auch das Reisen spielt in einer Kultur eine Rolle. In Palästina ging man in der Regel zu Fuß; übrigens wurde auch geritten. In der Missionstätigkeit des Apostel Paulus spielen die berühmten römischen Wege eine sehr wichtige Rolle. Aber auch die Schiffswelt ist hier zu beachten, denn Paulus reiste immer wieder per Schiff. Zu den großen Festen Israels kamen tausende Juden per Schiff nach Judäa. Auch wären hier noch die Herbergen zu erwähnen. Sie werden z.B. bei der Geburt Jesu erwähnt, und im Gleichnis vom barmherzigen Samariter usw.

Ich illustriere noch kurz, wie die Bekanntschaft mit der Umwelt der Apostel uns hilft, die biblische Botschaft zu verstehen. In seinem Brief an die Gemeinde zu Laodizäa rät er den Lesern, echtes Gold zu kaufen, damit sie reich würden. Diese Bildersprache gebraucht Johannes deshalb, weil Laodizäa für ihren Reichtum weit bekannt war. Dann ermahnt er die Leser, auch weiße Kleider zu kaufen, damit ihre Blöße nicht zu sehen ist. Laodizäa war berühmt für das Herstellen guter Stoffe. Drittens gibt der Apostel den Lesern den Rat, Augensalbe zu kaufen, damit sie recht sehen können. Laodizäa war für das Produzieren von Heilmitteln für Augenkrankheiten bekannt. Auch die Beobachtung, dass die Gemeinde weder kalt noch warm ist, und die Drohung, dass er sie ausspeien wird, ist Bildersprache, die in Laodizäa bekannt war. Die Stadt hatte nicht ihre eigenen Wasserquellen und musste ihr Wasser von weit her in die Stadt leiten. Und bis das Wasser zur Stadt kam, war es lau. So erklären sich die Bilder in diesem Brief an Laodizäa durch das Kennenlernen der damaligen Kultur.

Es gibt ja noch viele andere Seiten in der materiellen Umwelt der Schreiber der neutestamentlichen Bücher, aber was wir erwähnt haben, genügt zur Illustration.

8.2 Das religiöse Gebiet

Auf diesem Gebiet winkt dem Ausleger der Bibel besondere Gefahr, denn er wird immer wieder in Versuchung geraten, religiöse Praktiken Israels zu verchristlichen und auf die heutige Zeit überzuführen. Aber man kann nicht ohne weiteres, was in Israel auf religiösem Gebiet üblich war, auf die christlichen Gemeinden anwenden. Weil nun aber das Christentum aus dem Schoße des Judentums kommt, ist es wichtig, dass wir mit der Religion Israels vertraut sind.

Im Mittelpunkt des religiösen Lebens stand die Synagoge. Die Evangelien wie auch die Apostelgeschichte kann man getrennt von der jüdischen Synagoge kaum verstehen. Da haben Jesus und die Apostel gelehrt. Hier wurde die Heilige Schrift gelesen; hier wurde gebetet; hier wurde der Glaube Israels mündlich bekannt; hier sammelte man Geld für die Armen usw. Die Synagoge war zur Zeit Jesu unter dem Einfluss der Pharisäer und trug viel zur Erhaltung der Frömmigkeit in Israel bei. In der Diaspora gab es auch überall Synagogen, und sie dienten dem Apostel Paulus immer wieder als Anknüpfungspunkte für das Evangelium. Auch gottesfürchtige Heiden besuchten die Synagoge und viele von diesen bekehrten sich zu Christus durch die Predigt des Paulus.

Um die Evangelien zu verstehen, müssen wir mit den jüdischen Sekten vertraut sein – Pharisäer, Sadduzäer, Essener. Die Qumran Literatur hat uns manche neuen Aspekte des religiösen Lebens im Judentum aufgedeckt.

Die vielen Streitgespräche, die durch Jesu Wirksamkeit am Sabbat veranlasst wurden, kann man eigentlich nicht so recht verstehen, wenn man die jüdischen Sabbatgebote nicht kennt. Auch spielen die religiösen Feste im Leben unseres Herrn eine bedeutende Rolle. Er reiste nach Jerusalem zum Passahfest und zum Laubhüttenfest. Bei einer Gelegenheit war er im Winter in Jerusalem zur Zeit der Tempelweihe (d.h. Hannuka, Joh 10,22). Wer mit dem jüdischen Pfingstfest vertraut ist, kann den lukanischen Bericht über die Ausgießung des Heiligen Geistes besser verstehen (Apg 2).

Für die Auslegung des Alten Testaments ist das Kennen der Kultur der Einwohner Kanaans, und besonders auch deren Religion, sehr wichtig. Die ugaritische Literatur, die im Jahre 1929 in Syrien entdeckt wurde, erhellt manch einen Text im Alten Testament. Auch können wir jetzt besser verstehen, warum Israel immer wieder dem kannaanitischen Fruchtbarkeitskult anheim fiel.

Auch kann man weder Altes noch Neues Testament so recht verstehen ohne die Bekanntschaft mit dem Tempel und der Stadt Jerusalem. Von der Zeit, als David Jerusalem zur Hauptstadt machte, bis zum himmlischen Jerusalem, von dem Johannes in der Offenbarung spricht, ist Jerusalem mit seinem Tempel gleichsam das Herzstück der Religion Israels. Und der Tempel ist aufs Engste verknüpft mit dem ganzen Opferwesen, und mit dem jüdischen Priestertum, einschließlich dem Hohen Rat.

8.3 Das soziale Gebiet

Ein Verständnis für das israelitische Familienleben hilft uns dabei, manches in der Heiligen Schrift besser zu verstehen. In den Jahren 1925-1931 kamen in der Stadt Nuzi, östlich vom Tigris, 20.000 Tafeln ans Licht; in diesen Tafeln steht viel Lehrreiches über das Familienleben zur Zeit der Patriarchen.

In den Evangelien werden verschiedene Aspekte des jüdischen Familienlebens erwähnt – Verlobung, Hochzeit, Ehescheidung, Eltern, Kinder usw. Schon immer hat es Christen gegeben, die meinten, um bibeltreu zu sein, musste man Israels Familienleben imitieren. Aber Heiratssitten sind ja von einem Land zum anderen verschieden. Die Botschaft Jesu ist uns vielfach im Rahmen der sozialen Gepflogenheiten des jüdischen Volks gegeben worden; unsere Aufgabe ist es, die Botschaft zu verstehen und nicht die Sitten und Gebräuche nachzumachen.

Immer wieder ermahnen die Apostel Petrus und Paulus die Gläubigen, dass sie sich untereinander mit dem heiligen Kuss grüßen sollen (1Thess 5,26; 1Kor 16,20; 2Kor 13,12; Röm 16,16; 1Petr 5,14). Das war eine jüdische Sitte, und weil die Urgemeinde aus dem Schoß des Judentums kam, nahm das Christentum diese Grußform an. Doch durch die Ausbreitung des Evangeliums in andere Länder wurden auch andere Grußformen in den verschiedenen Gemeinden gepflegt. An der Form liegt eigentlich wenig; wichtig ist, dass Christen sich als Brüder und Schwestern in der Familie Gottes herzlich begrüßen.

Zum sozialen Leben gehört auch das Essen und Trinken, und wer mit den Sitten und Gebräuchen der alten Welt auf dieser Linie vertraut ist, kann vieles in der Heiligen Schrift besser verstehen. Immer wieder wird das gemeinsame Essen als Zeichen der Gemeinschaft des Bundes erwähnt. Recht oft wird von Brot, Fischen, Öl und Wein gesprochen. Bei Festmahlzeiten „lag“ man zu Tisch, wie Jesus und seine Jünger es auch beim letzten Mahl vor seinem Tode taten. Die Brosamen, die von des Reichen Tisch fielen (Lk 16,21), waren womöglich die Stückchen Brot, mit welchen man sich die Finger abwischte, weil man mit den Fingern aß. Im Judentum begann man die Mahlzeit, indem der Vater der Familie das Brot brach. Im vorigen Jahrhundert gab es eine Gemeinschaft, die als „Brotbrecher“ bezeichnet wurde, weil sie nicht das Brot schnitten, sondern, um biblisch zu sein, das Brot brachen. Aber das Nachmachen von jüdischen Sitten macht uns nicht frömmer. Es gilt die Botschaft Jesu, die in den Gebräuchen jener alten Welt zu uns gekommen ist, zu hören und auf unsere Zeit anzuwenden.

In dieses Gebiet fällt auch die Gastfreundschaft, die in Israel sehr heilig war. Zur Höflichkeit gehörte, dass man dem Gast Wasser gab, um seine Füße zu waschen; oder man wusch sogar dem Gast die Füße. Der Kuss und die Salbung mit Öl gehörten auch zur freundlichen Aufnahme (etwas, das Simon der Pharisäer unterließ, als er Jesus zur Mahlzeit einlud; Lk 7,44-46). Als Jesus seinen Jüngern die Füße wusch (Joh 13), wollte er demonstrieren, wie seine Nachfolger einander demütig dienen sollten. Daher sollte man Jesu Ermahnung, einander die Füße zu waschen, als kulturelle Form des Dienstes an anderen verstehen, und nicht zu einem gottesdienstlichen Ritus machen.

Dasselbe gilt auch für die Kleidung. Wenn Männer heute Hosen tragen, ist das nicht unbiblisch, auch wenn Männer zur Zeit Jesu sich nicht so kleideten. Und wenn anständige Frauen damals ein Kopftuch trugen, wenn sie zum Markt gingen, heißt das nicht, dass christliche Frauen das jetzt auch im Gottesdienst tun müssen. Wichtig ist aber, dass man weiß, wie man sich im 1. Jahrhundert kleidete, denn dadurch wird manches Bibelwort klar. Was heißt: an den Lenden gegürtet zu sein; die Schuhriemen aufzulösen? Wenn Jerusalem belagert werden wird, soll der Arbeiter auf dem Felde nicht seinen Mantel holen (Mk 13,16); was bedeutet das? Wenn Paulus (1Tim 2,9) und Petrus (1Petr 3,3) den christlichen Frauen das Haarflechten verbieten, dann wollten die Apostel nicht eine christliche Haartracht einführen, die für alle Zeiten und Kulturen gültig wäre.

Die Sprache des Neuen Testaments ist auch stark vom Sklavenwesen jener Zeit beeinflusst worden. Die Apostel nennen sich Sklaven Jesu Christi. Er ist ihr Herr, d.h. ihr Eigentümer. Die Erlösung von der Sünde und dem Tod wird durch das Bild der Loskaufung eines Sklaven dargestellt. Wenn Paulus den Korinthern sagt: „Ihr seid teuer erkauft" (1Kor 6,20), dann gebraucht er eine Redewendung, die von der Befreiung eines Sklaven durch die Gottheit gebraucht wurde.

8.4 Das politische Gebiet

Die Geschichte der Patriarchen kann man getrennt von der politischen Lage im Zweistromland, in Kanaan und in Ägypten schwer verstehen. Nach der Rettung aus Ägypten und einer langen Wüstenwanderung wird Israel in Kanaan ansässig. Durch viele Jahrhunderte kämpft Israel mit den Nachbarstaaten. Inzwischen wird Israel eine Monarchie und muss sich immer wieder mit feindlichen Völkern auseinandersetzen. Nach dem Tode Salomos gibt es eine Teilung des Reiches, und dadurch ändert sich die politische Lage in Israel und Juda radikal.

Im Jahr 722 v.Chr. verfällt das Nordreich der assyrischen Übermacht unter der Herrschaft Sargons. Aber die Babylonier machen dieser Weltmacht ein Ende. Unter dem Angriff der Babylonier fällt auch das Südreich (586 v.Chr.), und Juda geht in die Gefangenschaft. Aber Babylon wird im Jahre 539 von den Persern überwunden und unter Kyros bekommt Israel die Freiheit, in ihr Heimatland zu ziehen. Die meisten Juden jedoch zogen es vor, im Zweistromland zu bleiben. Die Perserzeit zieht sich von etwa 500 bis 350 v.Chr. Aramäisch ist jetzt die Handelssprache und ist somit auch die Sprache der palästinischen Juden zur Zeit Jesu.

Unter der Macht der mazedonischen Heere, unter der Führung von Alexander dem Großen, geht auch das mächtige Perserreich zu

Grunde. Die Juden zerstreuen sich in der ganzen bekannten Welt rings um das mittelländische Meer. In der Diaspora nehmen sie die griechische Sprache als Umgangssprache an. Besonders in Alexandrien bildet sich das Judentum als ethnische und kulturelle Größe aus, und hier wird, beginnend mit dem 3. Jahrhundert v.Chr., das hebräische Alte Testament ins Griechische übersetzt (die Septuaginta).

Mit dem Tod Alexanders teilt sich sein Riesenreich auf, und Juda wird zum Spielball zwischen zwei Reichen: dem der Ptolemäer in Ägypten und der Seleukiden in Syrien. Der Syrer Antiochus Epiphanus setzt im 2. Jahrhundert v.Chr. alles dran, den israelitischen Glauben auszurotten und das Judentum grundsätzlich zu hellenisieren. Das führt zu den Makkabäerkriegen und zu einer kurzen Zeit der politischen Selbständigkeit. Aber im Jahre 64 v.Chr. zieht der römische General Pompey in Jerusalem ein und Juda kommt unter Roms Herrschaft.

Herodes der Große regiert das Land im Namen Roms. Er ist für seine gewaltigen Bauwerke, darunter der Wiederaufbau des Tempels, bekannt. Über das religiöse Leben jedoch wacht der Hohe Rat, der mit der römischen Regierung gut auszukommen versucht. Kurz vor dem Tod des Herodes wird unser Herr geboren und Herodes führt den abscheulichen Kindermord aus. Nach seinem Tode wird das Land an seine drei Söhne verteilt. Jesus wächst in Nazareth auf und Galiläa ist unter der Herrschaft von Herodes Antipas. Archelaus, der über Samaria, Judäa und Idumäa herrschte, wurde wegen seiner Grausamkeiten abgesetzt, und ein römischer Gouverneur nimmt seinen Platz ein. Anstatt in Jerusalem sesshaft zu sein, macht er Cäsaräa an der Küste zu seiner Hauptstadt. Der bekannteste von diesen römischen Landpflegern ist Pilatus, der unseren Herrn zum Tode verurteilte. Noch zwei andere Herrscher aus dem herodianischen Hause werden im Neuen Testament erwähnt, nämlich Agrippa I., der Jakobus töten ließ (Apg 12), und Agrippa II., der bei Festus zu Besuch war, als Paulus sich vor dem Landpfleger verantwortete und sich auf den Kaiser berief (Apg 25). Unter seinem Vorgänger Felix hatte Paulus bereits zwei Jahre im Gefängnis verbracht.

Als Jesus geboren wurde, saß Kaiser Augustus auf dem römischen Thron (Lk 2,1). Sein Nachfolger war Tiberius (14 n.Chr.), und unter seiner Herrschaft begann Johannes der Täufer seinen Dienst (Lk 3,1). Jesus wurde während seiner Herrschaft gekreuzigt. Tiberius starb 37 n.Chr. Sein Nachfolger Gajus Caligula, der nur kurze Zeit auf dem römischen Thron saß (37-41 n.Chr.), wird im Neuen Testament nicht erwähnt. Aber Claudius, der zur Zeit der großen Teuerung herrschte (Apg 11,28), wird erwähnt. Er war es auch, der die Juden aus der Hauptstadt wies, und das spielte unter göttlicher Führung in die Missionsarbeit des Apostels Paulus hinein, denn dadurch kamen Aquilla und Priszilla nach Korinth (Apg 18,2). Als Paulus sich auf den Kaiser berief, hatte Nero bereits den Thron bestiegen (54-68 n.Chr.). Nach dem Stadtbrand in Rom wurden die Christen unter Neros Herrschaft grausam verfolgt. Paulus und Petrus sollen beide in dieser Verfolgung ihr Leben verloren haben. Es ist gut möglich, dass Johannes Nero im Sinn hatte, als er von dem grausamen Tier in Offenbarung 13 sprach. Nachdem drei Kaiser kurze Zeit regierten, bestieg Vespasian im Jahre 69 n.Chr. den Thron. Ihm folgte sein Sohn Titus, der Jerusalem zerstörte und am Ende des ersten christlichen Jahrhunderts herrschte Domitian (81-96). Johannes schrieb das letzte Buch der Bibel unter seiner Herrschaft. Dem römischen Adler begegnen wir im Neuen Testament von Anfang bis Ende, und wer mit der politischen Lage im römischen Reich und der Lage innerhalb Palästinas nicht vertraut ist, wird schwer das Neue Testament verstehen.

Also trägt die Heilige Schrift die Kleider des alten Orients. Die materiellen, religiösen, sozialen und politischen Aspekte dieser alten Kulturen brauchen wir nicht in unsere Zeit überzuführen; sie sind nur die Bühne, auf welcher Gott das Drama seiner Heilspläne ausführt. Jemand hat die Aufgabe des Schriftauslegers mit der eines Schreiners verglichen, der einen Schrank bauen soll. Das Maß ist ihm in Fuß und Zoll gegeben worden (wie es in den Vereinigten Staaten geschieht), aber er arbeitet mit Meter und Zentimeter (wie man's in Deutschland tut). Also muss er das Maß beständig umsetzen. Die Bibel hat eine Botschaft für alle Zeiten, aber diese Botschaft wurde in einem bestimmten zeitlichen, geographischen und kulturellen Rahmen gegeben. Unsere Aufgabe ist es nun, diese Botschaft auf unsere Zeit zu übertragen.

Der Londoner Bibellehrer John R. Stott gebraucht folgendes Beispiel, um den Unterschied zu verdeutlichen zwischen der bleibenden Botschaft der Bibel und der äußeren Kleidung, in welcher sie zu uns gekommen ist: Jemand hat eine Auswahl an Kleidern. Er hat Kleider für die tägliche Arbeit, für den Sport, für den Gottesdienst, zum Schlafen, und hat womöglich auch noch eine Nationaltracht. Es ist immer dieselbe Person, aber sie erscheint in verschiedenen Kleidern. So ist auch Gottes Heilsbotschaft immer dieselbe, aber sie kommt zu uns in verschiedenen Trachten.

9

Literaturgattungen des Alten Testaments

Man darf die 39 Bücher des Alten Testaments nicht alle über denselben Kamm scheren. Da gibt es recht viele Arten von Literatur: man nennt sie Gattungen. Ungefähr 40% des Alten Testaments ist Geschichte. Neben Geschichte haben wir Poesie und Weisheitsliteratur. Israels Nachbarvölker kannten diese Arten der Literatur auch. Eine Gattung jedoch war allein in Israel zu Hause, und das ist die Prophetie.

In der Auslegung der Bücher des Alten Testaments muss dieser Unterschied in den Literaturgattungen beachtet werden. Man kann z.B. eine Geschichte nicht so erklären wie man einen Psalm erklärt; das Buch der Sprüche muss anders behandelt werden als ein prophetisches Buch.

Recht verschieden werden die Bücher des Alten Testaments bezeichnet. Da haben wir zunächst die Geschichtsbücher, von 1.Mose bis Esther; dann gibt es Bücher, die in dichterischer Form sind; und zuletzt haben wir die Bücher der Propheten. In der hebräischen Bibel wurde die Einteilung etwas anders gemacht. Die fünf Bücher Mose betrachtete man als einzigartig (*Thorah*). Darauf folgten dann die Prophetischen Bücher (*Nebiim*). Aber zu diesen gehörten auch Josua, Richter, Samuel und Könige. Zuletzt kamen dann die sogenannten „Schriften" (*Kethubim*). In dieser Einteilung der Bücher des Alten Testaments spielt Literaturgattung keine große Rolle.

Wir wollen uns nun den Hauptgattungen der alttestamentlichen Schriften zuwenden und einige hermeneutische Winke geben, die uns bei der Auslegung dieser Bücher helfen können.

9.1 Geschichtsbücher

Es sollte uns eigentlich nicht wundern, dass so viele Bücher in beiden Testamenten Geschichtsbücher sind. Die Bibel ist eine Heilsgeschichte. Das Christentum ist eine geschichtliche Religion; es ist nicht einfach ein Lehrsystem, eine Ideologie; es beruht auf geschichtlichen Ereignissen. Immer wieder greift Gott in die Geschichte der Menschheit ein und führt seine Heilspläne weiter.

Die Geschichtsbücher des Alten Testaments sind nicht einfach

Chroniken; es ging den Schreibern nicht allein um das Aufreihen von geschichtlichen Daten. Sie sind Männer des Glaubens, und durch ihre Berichte übermitteln sie göttliche Botschaften an die Leser. Beim Lesen der Geschichtsbücher werden wir persönlich in die Geschichte hineingezogen, werden angesprochen, ermahnt, gestraft, getröstet, gewarnt.

Die alttestamentliche Geschichte beginnt mit dem Schöpfungsbericht. Diese Erde, die von der Hand Gottes erschaffen wurde, ist gleichsam die Bühne, auf welcher das Drama der Erlösung sich entfaltet. Der Mensch, nach dem Bilde Gottes geschaffen, fällt in Sünde, und Gott ist an der Arbeit, eine gefallene Menschheit zu erretten. Er wählt sich in seiner Gnade ein Volk, durch welches er die Botschaft des Heils unter die Völkerwelt bringen will. Alttestamentliche Geschichte ist also die Geschichte dieses Volkes, nämlich Israel. Die Geschichte beginnt mit der Berufung Abrahams und schließt mit der Wiederkehr aus der babylonischen Gefangenschaft.

In der Auslegung der Geschichtsbücher sind folgende Dinge zu beachten: die Lehren dieser Geschichte sind oft nicht explizite. Die Geschichte von David und Bathseba z.B. wird rückhaltlos erzählt. Augenblicklich wird nicht gesagt, dass David ein großes Übel beging, aber implizite ist es jedem Leser dieses Berichtes klar: was David hier tat, war vor Gott ein Greuel. Es kommt niemandem, der diese Geschichte liest, in den Sinn, es dem David nachzumachen.

Geschichten beleuchten oft Grundlehren, die anderswo klar ausgesprochen werden. In der eben erwähnten Geschichte liegt das Verbot verborgen: „Du sollst nicht ehebrechen". In der Geschichte von Kain und Abel klingt schon heraus, was später in den zehn Geboten explizite gesagt wird: „Du sollst nicht töten".

Die Schreiber der Geschichtsbücher berichten einfach, was geschehen war, nicht was hätte geschehen sollen. Da gibt es Kapitel, die sie jedenfalls am Liebsten ausgelassen hätten, aber nein, sie berichten in ungeschminkter Sprache auch die dunklen Seiten der Geschichte Israels. Heute mag sich ein Leser des Buches Richter mit Recht fragen: was soll solch ein Buch in der Bibel? Aber auch dieses Buch hatte eine bleibende Botschaft, wenn auch eine peinliche. Hier sehen wir, was mit dem erwählten Volk geschah, wenn es seine Bundesverpflichtungen in den Wind schlug und jeder tat, was in seinen Augen recht war. Klar, die Rettung der Menschheit kommt nicht durch eine moralische Elite zustande, sondern durch Gottes Gnade allein. Auch die großen Glaubenshelden machten gewaltige Fehler. Die einzelnen Geschichtsbücher kann man nicht recht verstehen, es sei denn, man liest sie im Rahmen der ganzen Geschichte Israels, wie sie uns im Alten Testament geschildert wird. Und wenn man die Geschichten des Alten Testaments auf das christliche Leben anwenden will, muss man dieses im Licht des ganzen Alten Testaments tun, und eigentlich im Licht der endgültigen Offenbarung Gottes in Jesus Christus.

Grundlegend für das Verständnis der Geschichtsbücher ist die Errettung Israels aus Ägypten und der Bundesschluss am Sinai. Zu diesem Bundesschluss gehörte die Gesetzgebung. Ein großer Teil der fünf Bücher Mose wird dem Gesetz gewidmet. Für den Ausleger ist es wichtig zu verstehen, dass Gott durch die Gesetzgebung seinem Volk nicht ein schweres Joch auferlegen wollte. Dass „das Gesetz“ später im Judentum zu einem Joch wurde, ist ja eine andere Sache. Im Dispensationalismus wird gelehrt, dass Israel durch das Gesetz und wir durch die Gnade Gottes gerettet werden, aber das stimmt nicht. Gott hat nur eine Heilsgrundlage für die Menschheit.

Das Gesetz wurde nicht dazu gegeben, dass Israel sich durch Gehorsam dem Gesetz gegenüber das Heil verdienen konnte. Auch im Alten Testament werden Menschen durch den Glauben gerecht, wie es ja von Abraham so klar gesagt wird. Das Gesetz wurde gegeben, um das Bundesverhältnis zwischen Gott und Israel zu regeln. Wenn Israel seinem Gott treu bleibt, verspricht Gott sein Volk zu segnen. Das Gesetz spiegelte den Charakter des Bundesgottes wieder und wurde gegeben, um Israel zu einem heiligen Volk zu erziehen. Nur auf diesem Wege konnte Israel seine Mission in der Völkerwelt ausführen. Manche Gesetze, die es mit dem Opferwesen zu tun hatten, waren dazu da, um Israels Verhältnis zu seinem Gott immer wieder herzustellen. Da gab es Sünd- und Schuldopfer; jährlich war der große Versöhnungstag. So war auch der Tempelkult ein Gnadengeschenk Gottes. Auf diesem Wege konnte ein sündiges Volk immer wieder mit Gott ins Reine kommen.

Im Licht der völligeren Offenbarung in Jesus Christus wissen wir, dass der Tempel mit seinem Opferwesen zum Abschluss gekommen ist. Auch das Priestertum, wie es in Israel bekannt war, wird im Neuen Testament nicht weitergeführt. Alle Gläubigen werden Priester genannt. Die Speisegesetze sind auch nicht mehr bindend. Auch die Gesetze, welche das soziale Leben in Israel regeln sollten, können nicht ohne weiteres auf das neue Gottesvolk, die Gemeinde, überführt werden. Jedoch werden die moralischen Grundsätze des Alten Testaments durch Jesus und die Apostel unterstrichen, ja sogar verschärft. Das Gesetz der Wiedervergeltung, welches mit dem Bundesverhältnis zwischen Gott und Israel zusammenhing, soll man aber nicht auf das persönliche christliche Leben überführen, und bestimmt nicht auf ein Volk oder ein Land.

9.2 Weisheitsliteratur

Es gibt im Alten Testament drei Bücher, die als Weisheitsliteratur bekannt sind: Hiob, Sprüche und Kohelet (Prediger). Es gab in Israel weise Menschen, die durch Beobachtung und Erfahrung viel gelernt hatten, das zum guten gesunden Leben hier auf der Erde beitragen kann. Salomo war bekannt als weiser König. Auch Priester und Propheten wurden als Weisheitslehrer angesehen (Jer 18,18). Weisheitsliteratur war auch ausserhalb des Volkes Israel bekannt. Bei der biblischen Weisheitsliteratur geht es nicht um Schulgelehrsamkeit, sondern um Weisheit, die Menschen des Glaubens im Leben gelernt haben. Und der Anfang aller Weisheit, so bekennen auch die Weisheitslehrer, ist die Furcht Gottes.

Im Buch des **Predigers (Kohelet)** haben wir eigentlich recht zynische Weisheiten. Das Buch ist ein Monolog über das sinnlose, zwecklose Leben – lauter Leerlauf. Man soll das Leben genießen so gut man kann, aber am Ende geht doch alles verloren, und alles ist „Haschen nach Wind“. Jüdische Gelehrte stellten sich später die Frage, ob ein solches Buch im biblischen Kanon überhaupt einen Platz hatte, und christliche Leser haben auch immer wieder diese Frage gestellt.

Beim Lesen des Buches bekommt man fast den Eindruck, dass der Schreiber ohne Glauben an Gott durch das Leben gegangen ist. Er vergleicht den Menschen mit dem Vieh: „Denn es geht dem Menschen wie dem Vieh: wie dies stirbt, so stirbt auch er.“ (3,19) – ein Vers, der von den Johova's Zeugen missbraucht wird. Jedoch am Schluss des Buches offenbart der Schreiber doch seinen wahren Glauben an Gott. Er ermahnt seine Leser, schon in der Jugend ihres Schöpfers zu gedenken (12,1), und schließt mit der Ermahnung: „Fürchte Gott und halte seine Gebote“ (12,13). Also will das Buch die Rückseite der biblischen Weisheit illustrieren. Ein Leben ohne Gott hier auf der Erde ist tatsächlich eitel (1,2), es ist inhaltslos und zwecklos. Von diesem Standpunkt aus gesehen hat das Buch auch für unsere Zeit eine gewaltige Botschaft.

Das Buch **Hiob** gehört seiner Gattung nach auch zur Weisheitsliteratur. In diesem Buch wird recht viel Verkehrtes gesagt, aber am Ende tritt die biblische Weisheit doch klar ins Blickfeld. Bildad,

Zophar, Eliphaz und auch Elihu sind wohlmeinende Tröster, aber sie wenden das Gesetz der Wiedervergeltung eher auf Hiobs tragische Erfahrungen an. So wie sie Gottes Weltregierung verstanden, müsste ihr Freund Hiob gesündigt haben, sonst würde Gott ihn nicht so strafen. Man erntet, was man säte. Hiob ist sich aber keiner Schuld bewusst und versucht sich zu rechtfertigen. Am Ende wird es klar, dass die Freunde Hiobs Unrecht hatten. Also darf das Gesetz der Wiedervergeltung nicht ohne weiteres auf die persönliche Erfahrung angewandt werden. Auch fromme Menschen haben Unglück und Leid. Diese Beobachtung wird später durch Jesus bestätigt, als er seinen Jüngern erklärte, dass der Blindgeborene nicht infolge seiner oder seiner Eltern Sünde litt (Joh 9,3). Warum fromme Menschen leiden müssen, wird in diesem Buch nicht erklärt. Hiob muss lernen, sich demütig unter Gottes Hand zu fügen, auch wenn er nicht weiß, warum Gott ihn solche tiefen Wege führt.

Das Buch der **Sprüche** gehört auch zur Weisheitsliteratur. Hier wird die Lebensweisheit in Spruchform ausgedrückt. Gottesfürchtige Menschen, die durch das Leben gegangen sind und durch Erfahrung und Beobachtung weise geworden sind, möchten diese Weisheit an die nächsten Generationen weitergeben. Immer wieder wird in diesem Buch die Weisheit mit der Torheit verglichen. Torheit zeigt sich in Gesetzlosigkeit, Treubruch, Faulheit, sexuellen Vergehungen usw. Weisheit dagegen offenbart sich in Armenpflege, Respekt vor alten Leuten, Mäßigkeit im Essen und Trinken, Familienpflicht usw. Sprichwörter sind eine Lehrmethode; sie schärfen gewisse Lehren ein. Doch kann ein Sprichwort nicht immer die ganze Wahrheit aussagen, nur ein Stück. Daher soll man auch nicht jedes Sprichwort als göttliche Verheißung, die sich im Leben immer erfüllen wird, verstehen.

„Befiel dem Herrn deine Werke, so wird dein Vorhaben gelingen“ (Spr 16,3), ist nicht eine Garantie, dass schon ein jeder Plan, den wir machen, gut ausfallen wird. Im Allgemeinen lehrt die biblische Weisheit, dass wenn Menschen gerecht und gottesfürchtig leben, sie den Segen des Herrn genießen. „Wer aber mir gehorcht, wird sicher wohnen und ohne Sorge sein und kein Unglück fürchten“ (Spr 1,33). Wer Gott mit seinem Vermögen ehrt, wird bestimmt den Segen des Herrn erfahren, aber damit ist noch nicht gesagt, dass wenn man regelmäßig dem Herrn den Zehnten gibt, unsere Scheunen voll sein werden und die Kelter mit Most übergehen wird (Spr 3,10). Schon das Buch Hiob illustriert, dass auch gute fromme Menschen mitunter große Verluste haben und schweres Leid erdulden müssen. „Der Herr lässt den Gerechten nicht Hunger leiden“ (Spr 10,3), ist nicht ein ehernes Gesetz; da gibt es recht viele Ausnahmen. Auch treue Gotteskinder sterben, wenn Hungersnot über ein Land geht.

Wieviel Leid hat Sprüche 22,6 schon gläubigen Eltern bereitet: „Gewöhne einen Knaben an seinen Weg, so lässt er auch nicht davon, wenn er alt wird.“ Auch fromme Eltern, die sich bemüht haben, ihre Kinder im Herrn zu erziehen, erleben es, dass ihre Kinder nicht immer den Glauben der Eltern annehmen. Allgemein darf diese Beobachtung schon angewandt werden, aber es ist nicht ein eisernes Gesetz. Es ist dieses ein „Spruch“, nicht eine Verheißung, die immer erfüllt werden wird. Immer wieder ermahnt der Schreiber der Sprüche, auf die Weisheit zu achten, sonst wird in ihrem Leben alles schief gehen. Aber nicht alle Kinder achten auf die göttliche Weisheit. Es gab gute Väter (auch Priester und Könige) im alten Israel, die gottlose Söhne hatten (man denke an den Priester Eli), und es gab gottlose Väter, die fromme Söhne hatten. Also müssen wir beim Anwenden der Sprüche vorsichtig sein! Sie sind Gottes Wort an uns und drücken allgemeine Wahrheiten aus, sie bieten uns Lebensweisheiten dar.

9.3 Die Psalmen

Bei den Psalmen haben wir es mit Poesie zu tun – auch eine besondere Literaturgattung. Übrigens findet man auch in anderen Büchern des Alten Testaments poetische Stücke. Poesie ist reich an Bildersprache und daher darf man die Psalmen auch nicht so lesen wie einen geschichtlichen Bericht. Im Vergleich zu einem prophetischen Buch, in welchem Gott durch den Propheten Menschen anredet, reden die Psalmsänger Gott an. Und ihre Lieder und Gebete sind für Bibelleser durch die Jahrhunderte lebendiges Gotteswort gewesen. Sie lehren uns, wie man in allen Lagen des Lebens zu Gott kommen kann und ihm unsere Not klagen, unsern Dank aussprechen und unsere tiefste Sehnsucht ausdrücken kann.

Zum Charakter der hebräischen Poesie gehört der Parallelismus. Entweder spricht die zweite Zeile in anderen Worten denselben Gedanken aus wie die erste Zeile, oder die zweite Zeile sagt das Gegenteil von dem, was in der ersten gesagt wurde, oder die zweite Zeile erweitert sogar, was in der ersten Zeile genannt wurde. Der Parallelismus kann also synonym, antithetisch oder synthetisch sein.

Auch gibt es verschiedene Arten von Psalmen. Da haben wir z.B. Klagelieder; Danklieder; Lieder, die Gottes Rettung und Hilfe in der Vergangenheit besingen; Lieder, die von der Herrschaft des israelitischen Königs reden; Weisheitspsalmen und Lieder, in welchen der Psalmist sein Vertrauen zu Gott ausdrückt, aber auch seinen Ärger über die Gottlosen.

Einige Psalmen sind sogar messianisch. Israels König, als gesalbter Vertreter Gottes auf Erden, ist in manchen Hinsichten ein Vorbild auf Christus. Immer wieder zitieren die Schreiber des Neuen Testaments Psalmworte, wenn sie von Christus und seinem Werk reden, von seinen Leiden wie auch von seiner Auferstehung und Erhöhung. Das bedeutet nun aber nicht, dass man solche messianische Psalmen wie Prophetie lesen darf. Sie sind Lieder, welche die Herrschaft, die Opposition, die Siege des Königs Israels besingen, und später in Christus neue Anwendung und Erfüllung finden.

Für gläubige Menschen in der Gemeinde Jesu Christi sind die imprekatorischen Psalmen, welche Flüche und Verwünschungen über die Feinde des Psalmsängers aussprechen, recht problematisch. Es fällt uns als Christen nicht schwer, die Klagelieder oder die Loblieder der Psalmsänger nachzusprechen, jedoch wenn es bis zu den Fluchpsalmen kommt, dann stutzen wir. Bestimmt ist es besser, wenn man seinen Ärger über seine Feinde vor Gott ausdrückt, als dass man versucht, sich an seinen Feinden zu rächen. Psalm 137 ist ein Rachepsalm, in welchem der Dichter demjenigen das Wohl wünscht, der die jungen Kinder der Babylonier nimmt und sie an einem Stein zerschmettert (137,9). Die Babylonier hatten Gottes Volk grausam behandelt und der Schreiber drückt in poetischer Form seine Rachegefühle vor Gott aus.

Durch Jesu Lehren und durch sein Beispiel, besonders auch durch sein Sterben am Kreuz, werden wir ja eines anderen belehrt. Gottes Kinder werden ermahnt, ihre Feinde zu lieben, für sie zu beten, ihnen zu vergeben. Dazu kommt noch, dass Gottes Gericht über seine Feinde im Neuen Testament auf das Endgericht verlagert wird. Der Psalmist hatte ein Gerechtigkeitsgefühl und meinte, Gott müsste sein Gericht über die Feinde des Psalmisten, welche, wie er es verstand, Feinde Gottes waren, schon jetzt in der Gegenwart ausführen. Darum fleht er. – Dass Gott seine Feinde richten wird, wird auch im Neuen Testament gelehrt, aber Gottes Gerichte treffen nicht immer im Leben ein. Die Psalmsänger waren in dieser Beziehung kurzsichtig; über das Endgericht hatten sie noch nicht genügend Licht. Daher dürfen wir als Christen dem Psalmisten die

Rachelieder nicht nachsprechen. Jedoch wir dürfen unsere Gefühle über Gottes Feinde vor Gott laut machen, und wenn wir von den Feinden Gottes verfolgt werden, dürfen wir mit den Seelen unter dem Altar (Offb 6,10) beten: „Herr, du Heiliger und Wahrhaftiger, wie lange richtest du nicht und rächst nicht unser Blut an denen, die auf der Erde wohnen?“

Die Psalmen unterweisen uns in der Pflege des Gebets; sie lehren uns Gott anzubeten. Sie lehren uns auch über Gottes Wege nachzudenken, auch über seine Führungen im persönlichen Leben nachzusinnen. Sie ermahnen uns auch, vor Gott offen und ehrlich zu sein; wir dürfen unsere inneren Gefühle rückhaltlos vor Gott offenbar machen. In den Psalmen wird auch immer wieder an das Gesetz der Wiedervergeltung appelliert – wenn Gottes Volk recht tut, segnet Gott; wenn es von seinen Geboten abirrt, erfährt es Leid. Wer unter dem Schirm des Höchsten sitzt ist sicher, „wenn auch tausend fallen zu (seiner) Seite und zehntausend zu (seiner) Rechten, so wird es doch (ihn) nicht treffen“ (Ps 91,7). Aber das geschah gelegentlich doch, und der Psalmist Asaph war dem Straucheln nahe, als er sah, wie es den Gottlosen so wohl ging (Ps 73,2-3). Nur als er ins Heiligtum ging und an das Ende der Gottlosen dachte, gewann er wieder sein Gleichgewicht.

9.4 Prophetie

Prophetie ist eine Literaturgattung, die in Israel geboren wurde. Andere Völker hatten auch Geschichtsbücher, Weisheitsliteratur und Poesie, aber nicht prophetische Literatur. Ein großer Teil des Alten Testaments gehört zu dieser Literaturgattung.

Für einige Bibelleser ist Prophetie einfach Zukunftsschau, das Voraussagen von kommenden Ereignissen. Aber bei der Prophetie geht es viel mehr um das „Aussagen“ als das „Voraussagen“. Die Propheten waren Gottes Botschafter, die den Willen Gottes für sein Volk verkündigten. Für andere Bibelleser ist Prophetie hauptsächlich messianische Weissagung. Aber nur ein winziger Teil der prophetischen Bücher des Alten Testaments sprechen von der kommenden messianischen Neuzeit. Die Propheten haben vielmehr über die gegenwärtige Lage des Volkes Gottes, und was diesem Volk in der Zukunft bevorsteht, wenn es so weiter lebt, zu sagen, als über die fernliegende Zukunft. Man könnte die Botschaften der Propheten als Predigten bezeichnen, die in den meisten Fällen erst mündlich gegeben wurden, und dann später niedergeschrieben wurden (siehe z.B. Jeremia 36).

Worauf gilt es bei der Auslegung der prophetischen Bücher zu achten? Einmal muss man fragen, an wen sie ihre Botschaft richteten. Die meisten Botschaften der Propheten gelten dem alten Volk Gottes, Juda und Israel, aber wir haben auch eine ganze Menge Botschaften, die an andere Völker gerichtet sind – Assyrien, Babylon, Damaskus, Edom usw. Auch innerhalb des Volkes Israel reden die Propheten gewisse Personen an – Männer, Frauen, Priester, die Reichen usw.

Weil die Propheten sich im Rahmen des alttestamentlichen Bundesvolkes bewegen, tragen ihre Botschaften auch einen nationalen Charakter. Israel (d.h. das gläubige Israel) ist nicht nur Volk Gottes, sondern es ist auch zugleich eine Nation, eine Monarchie, wenn auch ein geteiltes Reich. Das muss man in Betracht ziehen, wenn auch die Erfüllungen vieler prophetischer Weissagungen im Neuen Testament nicht nationalistisch aussehen.

Auch sind viele Verheißungen, wie auch die Warnungen der Propheten, bedingt. Sie hängen davon ab, wie die Empfänger auf die Botschaften der Propheten reagieren werden. Wenn Israel die göttlichen Bundesforderungen verachtet und den Weg der Sünde wählt, dann muss es mit göttlichem Gericht rechnen. Doch wenn Israel Buße tut und sich zu Gott bekehrt, versprechen die Propheten dem Volk die göttliche Vergebung, die Wiederherstellung.

Der Stil der Propheten ist einzigartig. Sie schneiden oft ein Thema an, durchschreiten es aber nicht, sondern packen es immer wieder von verschiedenen Seiten an. Manchmal sind ihre Botschaften in poetischer Form, oft gebrauchen sie den Parallelismus, und in der Regel sind sie reich an Bildersprache.

Mitunter haben die Propheten eine doppelte Schau. Joel z.B. sieht den Tag des Herrn in der Heuschreckenplage, aber dieser gegenwärtige Gerichtstag ist gleich einem Teleskop, durch welches er auf den Tag des Herrn am Ende der Zeit schaut.

Was die Erfüllung der Prophetie betrifft, muss beachtet werden, dass manche Weissagungen der Propheten schon durch die Rückkehr Israels aus Babylon in Erfüllung gingen. Dann aber haben wir auch die Erfüllung vieler Weissagungen durch das Kommen Jesu und den Anbruch der messianischen Zeit. Immer wieder weisen Jesus und die Apostel auf die Erfüllung alttestamentlicher Verheißungen hin.

Doch gibt es auch noch prophetische Aussagen (z.B. die Hoffnung auf einen neuen Himmel und eine neue Erde; Jes 66,22), die erst im Jenseits erfüllt werden. Was man aber nicht tun sollte, ist die Erfüllung prophetischer Aussagen in politischen Erscheinungen der Gegenwart zu suchen. Als junger Seminarist entdeckte ich in der Schulbibliothek ein Buch mit der Überschrift: „Japan im Lichte der Prophetie". Es war ein Buch, vor dem 2. Weltkrieg von einem recht bekannten Prediger geschrieben. Ich las das Buch nach dem 2. Weltkrieg, und zu meiner Enttäuschung musste ich feststellen, dass alles anders ausgefallen war als er vorausgesagt hatte. Man denke hier auch an die vielen Bücher, die in jüngster Zeit über den „Feind vom Norden" (Russland) geschrieben worden sind. Solches Spekulieren soll man nicht mit der Erfüllung prophetischer Botschaften verwechseln.

Ganz besonders gilt es auf die Erfüllung prophetischer Hoffnungen im Neuen Testament zu achten. In 2.Samuel 7 z.B. verspricht Gott dem David einen Thron. Sein Sohn soll eines Tages auf dem davidischen Thron sitzen. Diese Verheißung wurde recht bald erfüllt, als Salomo den Thron Davids bestieg. Aber Salomos Reich brach zusammen. Der Prophet Amos aber verspricht, dass Gott eines Tages die zerfallene Hütte Davids wieder aufbauen wird (Amos 9,11). Jesaja spricht von der Rute, die aus der Wurzel Isais kommen wird (Jes 11,1). Micha nennt die Stadt Bethlehem, aus welcher der kommen soll, der über Israel herrschen wird (5,1).

Trotz all dieser Verheißungen ging Juda in die Gefangenschaft. Aber unter persischer Herrschaft durften die Gefangenen nach Hause kommen. Von einem Thron Davids war aber keine Rede, wenn Juda auch für einige Zeit, nach den Makkabäerkriegen, selbständig wurde. Und doch erschien eines Tages der Engel Gabriel einem Mädchen aus Nazareth und versprach ihr einen Sohn, der groß sein würde und ein Sohn des Höchsten genannt werden würde und „Gott der Herr wird ihm den Thron seines Vaters David geben, und er wird ein König sein über das Haus Jakob in Ewigkeit, und sein Reich wird kein Ende haben" (Lk 1,32-33). Also ging 2.Samuel 7 in Erfüllung, aber nicht in der Form eines politischen Königreiches, sondern in einem Reich, wie Jesus vor Pilatus erklärte, das nicht von dieser Welt ist (Joh 18,36).

Aus den Lehren Jesu, seinen Wundern, seinem Tod, seiner Auferstehung und der Ausgießung des Heiligen Geistes wird ein neues Gottesvolk geboren, eine Gottesherrschaft, die Gemeinde. Auf dem Jerusalemer Konzil erklärt Jakobus, dass Gott jetzt die zerbrochene Hütte Davids (Amos 9,11) wieder aufgebaut habe (Apg 15,17).

So müssen auch Gottes Verheißungen an Abraham verstanden werden. Gott versprach ihm das Land als Erbschaft und eine große Nachkommenschaft. Aber Israel verlor schließlich das von Blut getränkte Land und ging in die Gefangenschaft. Durch das Kommen Jesu wurden diese Verheißungen erfüllt. Jesus versprach den Sanftmütigen, dass sie das Erdreich besitzen würden (Mt 5,5). „Das Land besitzen“ wird zum Inbegriff messianischer Segnungen. Hier ist alles vom geographischen und politischen Hintergrund gelöst.

Maria singt in ihrem Magnifikat, dass Gott durch die Geburt des messianischen Kindes jetzt an seine Barmherzigkeit (d.h. Bundestreue) gedacht hatte, die er den Vätern, Abraham und seinem Samen, versprochen hatte (Lk 1,54ff.). Und Paulus schreibt später an die Galater: „Erkennt also: die aus dem Glauben sind, das sind Abrahams Kinder. Die Schrift hat es vorausgesehen, dass Gott die Heiden durch den Glauben gerecht macht. Darum verkündigte sie dem Abraham: „In dir sollen alle Heiden gesegnet werden“ (Gal 3,8). Der Apostel sieht also die Erfüllung der Verheißungen an Abraham in der Gemeinde. Alle Gläubigen sind Abrahams Kinder. Sie sind eingepfropfte Äste in dem Abrahamsbaum; sie haben Abrahams Glauben und bilden jetzt das wahre Israel, das Volk des Eigentums, das auserwählte Volk (1Petr 2,9-10). Von der Wiederherstellung eines irdischen, nationalen Israels, eines irdischen Reiches, eines Tempels usw. ist im Neuen Testament eigentlich nichts gesagt. In Christus und in seiner Gemeinde hat Gott seine Heilspläne, die oft in nationalen Bildern im Alten Testament ausgedrückt wurden, erfüllt. In der Auslegung der prophetischen Bücher des Alten Testaments darf man nicht am Neuen Testament vorbeigehen und die Erfüllung prophetischer Weissagungen in geschichtlichen Ereignissen der gegenwärtigen Zeit suchen. Jesus und die Apostel sind unsere Leitsterne in der Auslegung alttestamentlicher Prophetie.

10

Die Evangelien als neue Literaturgattung

Wie im Alten Testament haben wir auch im Neuen verschiedene Literaturgattungen. Einige dieser Gattungen waren den ursprünglichen Lesern der Bücher des Neuen Testaments schon aus ihrer Umwelt bekannt. Es gab zu jener Zeit Geschichtsbücher, Briefe und auch apokalyptische Literatur. Letztere war im Judentum Zuhause; Briefe und Geschichtsbücher waren auch in der griechisch-römischen Welt gut bekannt.

Jedoch wurde eine Gattung durch das Kommen Jesu geboren, nämlich die Evangelien. Evangelien waren in der Umwelt der Apostel nicht bekannt. Später gab es eine Unmenge von apokryphen Evangelien, die in gewissen Beziehungen einfach nur Nachahmungen der kanonischen Evangelien waren, aber sie liegen außerhalb unseres Interesses innerhalb dieses Kapitels. Hier soll zunächst einiges über unsere Evangelien im Allgemeinen gesagt werden, und dann wollen wir auf einige Literaturarten in den Evangelien aufmerksam machen.

10.1 Die Evangelien im Allgemeinen

Das Wort „Evangelium" (*euangelion*) war weit und breit bekannt. Es war ursprünglich nicht ein religiöses Wort. Buchstäblich bedeutet es einfach „gute Nachricht", „frohe Botschaft", „Freudenbotschaft". In der griechisch-sprechenden Welt wurde dieses Wort für irgend eine freudige Nachricht verwendet. Sogar die Erlasse des Kaisers nannte man *euangelia*.

Dieses bekannte Wort wird im Neuen Testament für die frohe Botschaft vom Kommen Jesu gebraucht, der uns durch sein Wirken, Sterben und Auferstehen ewiges Leben schenkt. Die Botschaft von der Vergebung der Sünden, von der Rechtfertigung durch den Tod Jesu Christi und von der Aufnahme in Gottes Familie, ist wahrlich eine Freudenbotschaft. Paulus gebraucht das Substantiv *euangelion* etwa 23-mal in seinen Briefen, ohne es notwendigerweise zu umschreiben oder zu erklären. Es wurde zum selbständigen Begriff für die gute Nachricht von Gottes Heilstaten in Jesus Christus. Auch das Verb (*euangelizomai*) kommt wiederholt vor.

Anfänglich, nachdem das Wort „Evangelium“ für die christliche Heilsbotschaft aufgenommen wurde, bezeichnete das Wort ein gesprochenes und gehörtes Evangelium. Später, als man die Freudenbotschaft von dem Heil in Christus niederschrieb, wurde das Wort „Evangelium“ zu einer Literaturgattung; Evangelien wurden geschrieben. Wieviele Evangelien geschrieben wurden, wissen wir nicht. Lukas berichtet nur, dass recht viele es unternommen hatten, Evangelien zu schreiben (Lk 1,1-2). Wir haben vier Evangelien im Neuen Testament.

Chronologisch stehen die Briefe des Neuen Testaments vor den Evangelien, aber weil die Evangelien sich auf das Leben und Sterben unseres Herrn konzentrieren, stehen sie an erster Stelle in unserem Kanon. Sie sind eigentlich anonym, aber urchristliche Traditionen schreiben sie Matthäus, Markus, Lukas und Johannes zu. Weil man allgemein annimmt, dass Markus, chronologisch, das erste unserer vier Evangelien ist, könnte es sein, dass Markus 1,1 eigentlich die Überschrift war: „Der Anfang des Evangeliums von Jesus Christus“. Als dann andere Evangelien in den neutestamentlichen Kanon aufgenommen wurden, musste man sie unterscheiden, und aus dem Grunde haben sie womöglich jetzt die Überschrift : ‚Evangelium des Matthäus‘, ‚Evangelium des Markus‘ usw.

Keine Bücher des Neuen Testaments sind durch die Jahrhunderte für christliche Leser so attraktiv gewesen wie die Evangelien. Dass die Evangelien sehr populär waren, kann man schon daran erkennen, dass wir viel mehr Evangeliumshandschriften aus alter Zeit haben, als wir es bei anderen Teilen des Neuen Testaments finden. Das sollte uns auch nicht wundern, denn die Evangelien zeugen von dem Kommen unseres Retters Jesus Christus, ohne welchen es kein Evangelium und auch kein Christentum gegeben hätte.

Man hat versucht, unsere Evangelien mit anderen Literaturgattungen zu vergleichen, aber sie sind ganz einzigartig ihrer Art nach. Innerhalb der Evangelien gibt es übrigens bekannte Gattungen wie z.B. Geschichte, Gleichnisreden, Apokalyptik und dergleichen. Aber im Großen und Ganzen kann man die Evangelien kaum mit irgend einer bekannte Literaturgattung vergleichen.

Sie sind keine Biographie, obwohl sie uns einige biographische Informationen geben. Biographien waren zur Zeit Jesu nicht unbekannt, aber man kann unsere Evangelien, die z.B. die ersten 30 Jahre des Lebens unseres Herrn überschlagen und sich fast ausschließlich auf seine letzten 3 Jahre konzentrieren (Joh 13 bis 19 decken etwa 24 Stunden in der Passionsgeschichte), nicht Biographien nennen. Markus gibt nicht einmal den Namen des Vaters Jesu an, und Johannes nennt nicht einmal seine Mutter mit Namen.

Manchmal werden die Evangelien als Geschichtsbücher bezeichnet, und tatsächlich enthalten sie recht viel Geschichtliches.

Geschichtsbücher waren allgemein bekannt; man nannte sie *praxeis*, d.h. Taten. Doch handeln die Evangelien nicht allein von den Taten Jesu, sondern sie enthalten auch recht viele Reden des Herrn und geben seinem Sterben besonders viel Raum. Und somit haben wir eine Literaturart vor uns, die durch die Verkündigung der guten Nachricht des Einbruchs des Reiches Gottes in der Person Jesu geschaffen wurde.

Wir haben die Evangelien in griechischer Sprache. Man darf aber nicht vergessen, dass Jesus und die Apostel aramäisch sprachen. Also liegen hinter den griechischen Wörtern semitische Redewendungen. Zudem drücken die Evangelienschreiber den Evangelien ihre eigenen Persönlichkeiten auf. Sie gebrauchen nicht alle denselben Stil, haben auch nicht dasselbe Interesse, und schneiden somit ihr Material unter der Leitung des Geistes so zu, dass es für ihre Leser besonders passend ist.

Was für die Leser der Evangelien schon immer ein Problem gewesen ist, ist die Tatsache, dass Johannes einen andern Weg geht als die andern drei, die man „synoptische" (d.h. „zusammen gesehene") Evangelien nennt. Wie die drei Synoptiker miteinander verwandt sind, ist eine recht verzwickte Sache, die wir hier nicht besprechen wollen. Etwa 90% des Markusevangelium kann man in Matthäus finden. Matthäus hat einen Teil mit Lukas gemeinsam, aber er zeigt uns noch Ereignisse auf, die weder bei Markus noch bei Lukas zu finden ist. Lukas hat etwa 50% des Markusevangeliums aufgenommen, hat aber einen Teil mit Matthäus gemeinsam, und dann einen großen Teil (Kapitel 9 bis 18), der in keinem anderen Evangelium zu finden ist.

Es wäre für den Ausleger einfacher gewesen, wenn wir nur ein Evangelium hätten. Und wenn die Evangelien nur Geschichtsbücher wären, etwa wie die Apostelgeschichte, hätte ja eines genügt. Aber sie sind ‚Frohe Botschaft', und diese Freudenbotschaft kann in verschiedener Weise verkündigt werden. Aus den Schriften der alten Kirchenväter merken wir aber, dass die Frage: Warum vier? immer wieder gestellt wurde. Im 2.Jahrhundert machte Tatian sogar den Versuch, die vier Evangelien in eins zu verschmelzen und schrieb den sogenannten „Diatessaron", der sehr populär und in recht viele Sprachen übersetzt wurde. Aber die apostolischen Gemeinden bestanden darauf, dass uns ein vierfaches Evangelium überliefert worden war. In der Mitte des 2.Jahrhunderts schuf Markion einen Kanon, der nur das Lukasevangelium beinhaltete (neben 10 paulinischen Briefen), aber sein Kanon wurde nicht allgemein anerkannt. Wir haben somit vier Evangelien.

Bein Auslegen der Evangelien muss man bedenken, dass die Evangelien nicht aus der Feder Jesu kommen, sondern nach geraumer Zeit, in welcher die Evangeliumsbotschaft mündlich überliefert wurde, die Evangelisten unsere Evangelien schrieben – zwei von ihnen gehörten zum Kreis der Zwölf, Markus wurde später der Begleiter von Petrus, und Lukas, ein Nicht-Jude, war ein Begleiter Paulus'. Wenn diese apostolischen Schreiber Jesu Reden wiedergeben, geben sie diese nicht in ebendieser Form wieder. Jesus „sprach“ zu seinen jüdischen Landsleuten in aramäischer Sprache. Die Evangelisten „schrieben“ in griechischer Sprache an verschiedene Leser, mit verschiedenen Betonungen. Und wir leben in noch ganz anderen Verhältnissen und fragen uns: Was bedeutet die Botschaft Jesu für unsere Zeit?

Um die Evangelien richtig zu verstehen, muss man die Hauptbotschaft Jesu begriffen haben. Das Herzstück aller Lehren Jesu ist die Botschaft vom Reich Gottes (bei Matthäus das Himmelreich). Durch sein Kommen in die Welt brach Gottes Herrschaft in einzigartiger Weise an. Das Wort „Reich“ (*basileia*) soll man nicht in einem nationalistischen oder sogar in einem geographischen Sinne verstehen, es geht um die „Herrschaft“ Gottes, die durch Jesu Kommen anbrach. Jesus kam nicht, um ein politisches Reich zu gründen, oder um das alte israelitische Reich wiederherzustellen, sondern er kam, um eine neue Menschheit zu schaffen, die Gemeinde Jesu Christi, welche ihn als Herrn bekennt und unter seiner Herrschaft lebt. Ob es nun die Wundergeschichten sind, die als Zeichen für das Einbrechen der Gottesherrschaft dastehen, oder die Gleichnisreden, oder die Bergpredigt, immer geht es um das Reich Gottes. Und dieses Reich, so erklärte Jesus es Pilatus, ist nicht von dieser Welt (Joh 18,36-37).

Immer wieder ist gelehrt worden, dass Jesus ein politisches Reich, d.h. den Thron Davids, aufrichten wollte. Weil aber Israel den Messias verwarf, sei dieser Plan verschoben worden, und die Gemeinde Jesu Christi sei gleichsam als Einschub in Gottes Heilsplan hineingekommen. Eines Tages, wenn die Gemeinde erst beim Herrn sein wird, wird Gott seinen Plan mit dem Volk Israel ausführen. Aber darüber berichtet das Neue Testament nichts. Was dabei so schwierig ist, ist die Tatsache, dass die Evangelien uns bei Annahme dieser Theorie eigentlich nicht gelten würden. Sie würden uns zwar die nötige geschichtliche Information über das Leben und Sterben unseres Herrn geben, aber seine Reden würden Israel gelten, und gingen uns weniger an. Aber bei dieser Auslegung würde die Gemeinde verarmen.

Das Grundthema der Evangelien ist das Reich Gottes, welches in der Person Jesu und durch seine Wunder, sein Sterben und Auferstehen zustande kam. Diese Gottesherrschaft hat jedoch noch eine Dimension, die noch nicht sichtbar ist; da gibt es noch ein Kapitel, das zukünftig ist. Immer wieder sprach Jesus von einem Reich, welches jenseitig ist. Manche seiner Gleichnisreden haben dieses zukünftige eschatologische Reich zum Thema (z.B. das Gleichnis von den zehn Jungfrauen, das Gleichnis von den Schafen und Ziegen usw.). Beim letzten Mahl mit seinen Jüngern vor seinem Sterben sagte Jesus, dass er „nicht mehr trinken (würde) vom Gewächs des Weinstocks bis an den Tag, an dem (er) aufs neue davon trinke im Reich Gottes" (Mk 14,25). Wer dieses Grundthema der Evangelien nicht richtig erfasst, wird auch die Reden und die wunderbaren Taten Jesu nicht richtig verstehen.

Innerhalb der Evangelien gibt es verschiedene Literaturgattungen, aber wir können sie hier nicht alle besprechen; z.B. die Wundergeschichten, die Passionsgeschichte, Sprüche, Streitgespräche usw. Wir wollen aber auf zwei Literaturarten kurz eingehen, nämlich auf die Bergpredigt und auf die Gleichnisreden.

10.2 Die Bergpredigt

Es gibt kaum einen Abschnitt in den Evangelien, der solch einen Eindruck auf Bibelleser gemacht hat, wie die Bergpredigt. Und wenn nicht die ganze Bergpredigt, dann gehören wenigstens die Seligpreisungen zu den bekanntesten Jesusworten; vom „Vater Unser" ganz zu schweigen. Die Bergpredigt finden wir in Matthäus in längerer Form als in Lukas, aber in beiden Fällen geht es um grundsätzliche Lehren über das Leben der Jünger Jesu im Reich Gottes, welches Jesus brachte. In der Urgemeinde verstand man die Bergpredigt als Jesu Ethik für seine Nachfolger, aber so ist diese Predigt nicht immer in der Geschichte der christlichen Kirche verstanden worden.

Es war von Anfang an klar, dass ungläubige Menschen sich nicht nach den ethischen Grundsätzen der Bergpredigt richten würden, und auch nicht konnten. Im Mittelalter verbreitete sich die Lehre, dass Durchschnittsgläubige eigentlich auch nicht den ethischen Forderungen der Bergpredigt gewachsen waren. Einige Lehren der Bergpredigt sind schon auf alle Gotteskinder anzuwenden, aber die hohen ethischen Anforderungen können höchstens von der Geistlichkeit (d.h. Priester, Nonnen, Bischöfe) verwirklicht werden.

Zur Zeit der protestantischen Reformation spielte die Bergpredigt eine bedeutende Rolle. Martin Luther kämpfte an zwei Fronten: in der römischen Kirche wurde die Bergpredigt für den gewöhnlichen Christ nicht ernst genommen, und bei den Wiedertäufern wurde sie, s.E., zu ernst genommen. Er vertrat die Lehre von den zwei Reichen. Im persönlichen christlichen Leben gelten die Lehren der Bergpredigt, aber im öffentlichen amtlichen Leben gelten andere Gesetze (da muss gerichtet werden, Krieg geführt werden, bestraft werden usw.). Calvin nahm die Bergpredigt ernst, nur wollte er sie auf die ganze Bevölkerung anwenden und gleichsam einen Kirchenstaat gründen.

Die Anabaptisten machten die Bergpredigt zum Zentrum ihres Biblizismus. Weil nur auf den Glauben getaufte Menschen zur Gemeinde gehörten, mussten die ethischen Lehren Jesu auch von allen Gliedern der Gemeinde beachtet werden. Das führte dazu, dass sie sich dem Staatsdienst entzogen und Jesu Lehre von der Wehrlosigkeit ernst nahmen. Sie waren sich ihrer Schwachheit bewusst und kamen den hohen Anforderungen Jesu nicht immer nach, aber sie verließen sich auf den Geist Gottes, der ihnen die Kraft geben konnte, so zu leben wie Jesus es von seinen Jüngern, die zum Himmelreich gehörten, erwartete. Wie Luther glaubten auch sie an die Rechtfertigung durch den Glauben, aber Gotteskinder, die einen lebendigen Glauben hatten, sollten so leben wie Jesus es in der Bergpredigt lehrt. Diese Betonung brachte ihnen Verfolgung und viel Leid ein.

Im orthodoxen Luthertum der Nachreformationszeit kam man zu dem Schluss, dass die Bergpredigt ein unmögliches Ideal war, eine unerreichbare Ethik. Wozu war sie dann gegeben worden? Sie war gleichsam wie das Gesetz, unser Zuchtmeister auf Christus. Die Bergpredigt bringt den Menschen in die Verzweiflung. Aus dieser Hoffnungslosigkeit wird dann die Sehnsucht nach Gottes gnädiger Rettung geboren. Sie ist also eine Art *praeparatio evangelica*, aber nicht eine Ethik für das tägliche Leben.

Im Pietismus gab es eine andere Reaktion auf diese Hermeneutik. Philipp Spener betonte die Heiligung im christlichen Leben. Es genügte nicht, orthodoxe Glaubensbekenntnisse herzusagen, man musste auch das tägliche Leben nach den Lehren Jesu ordnen.

In der liberalen Theologie hat man die Bergpredigt mitunter einfach als Gesinnungsethik verstanden. Das Reich Gottes wurde als etwas Inwendiges verstanden, und die Bergpredigt behandelte somit die innere Einstellung. Jesus wollte doch bestimmt nicht seinen Nachfolgern ein schweres Joch aufhalsen. Also kann man nicht erwarten, dass Menschen nach seinen Lehren leben werden, aber sie können aus der Bergpredigt die rechte Gesinnung lernen.

Im Darbismus kam man mit der Bergpredigt leichter zurecht, man verstand sie einfach als Jesu Lehren für ein israelitisches Reich. Weil Israel aber den Messias verwarf und dieses Reich nicht zustande kam, haben wir in der Bergpredigt eine Zukunftsethik. Eines Tages, wenn Gott Israel wiederherstellen wird, werden die Menschen nach der Ethik der Bergpredigt leben. Aber das soll erst im Tausendjährigen Reich geschehen. Bis dieses Reich erscheint, sind die Lehren der Bergpredigt eigentlich nicht so recht anwendbar.

Es sind auch noch andere Versuche gemacht worden, die Bergpredigt zu erklären. Der russische Schriftsteller Leo Tolstoy kam zu einer radikalen Auslegung der Bergpredigt. Er wollte sie auf die allgemeine Gesellschaft anwenden. Das bedeutete, dass das Schwören, das Richten, das Kriegen und andere Dinge abgeschafft werden müssten. Aber damit kam er nicht sehr weit.

In unserem Jahrhundert lehrte Albert Schweitzer unter dem Einfluss von Johannes Weiss, dass Jesus auf das baldige Anbrechen des Reiches Gottes wartete. Er ging sogar in den Tod, um das Anbrechen dieses Reiches zu beschleunigen. Bis dieses himmlische Reich anbrach, galten die ethischen Forderungen Jesu in der Bergpredigt. Sie war eine Interimsethik. Weil nun aber Gottes Reich nicht anbrach, hat die Bergpredigt für uns weniger Relevanz.

Also sehen wir wieder, dass die Hermeneutik der Bergpredigt von unserem Verständnis der Lehre Jesu über das Reich Gottes abhängt. Wenn wir glauben, dass Gottes Reich mit dem Kommen Jesu anbrach und diese Gottesherrschaft heute noch aktuell ist, dann können wir nicht anders als die Ethik der Bergpredigt auf alle Mitglieder des Gottesreiches anzuwenden. Dass der Staat oder die Welt als solche sich nicht unter die Lehren der Bergpredigt stellen wird, versteht sich von selbst. Wir dürfen nicht erwarten, dass irgend ein Staat die Bergpredigt zum Landesgesetz erheben wird. Aber wir, die wir versuchen, nach den ethischen Anforderungen der Bergpredigt zu leben, sind berufen worden, Salz der Erde und Licht der Welt zu sein. Und wo wir Gelegenheit haben, auch dem Staat gegenüber, von der Ethik der Bergpredigt Zeugnis abzulegen, wollen wir das tun.

10.3 Die Gleichnisreden

Die Gleichnisreden Jesu gehören zu den bekanntesten Worten Jesu'. Sogar Menschen, die nie die Bibel lesen, kennen mindestens ein paar Gleichnisse Jesu. Auch ungläubige Menschen meinen, man sollte doch ein guter Samariter sein; man dürfe seine Talente nicht vergraben; sein Licht nicht unter einen Scheffel stellen; man müsse die Kosten überschlagen, ehe man anfängt zu bauen. Die Gleichnisse haben sich in Ländern, wo das Christentum populär ist, in den verschiedenen Sprachen der Völker eingebürgert.

Beim Lesen der Gleichnisreden Jesu könnte man auf den Gedanken kommen, dass diese von allen Lehren Jesu am Leichtesten zu verstehen sind. Gute Geschichten kann doch ein jeder verstehen. Aber das ist leider nicht der Fall. Jährlich erscheinen neue Bücher, in welchen man versucht, diese Gleichnisse zu erklären. Hier will ich gleich den Begriff „Gleichnisse" erklären, und auf einige hermeneutische Methoden aufmerksam machen. Auch wollen wir die Frage erwägen, warum Jesus in Gleichnissen sprach; und zuletzt wollen wir auf einige Aspekte des Grundthemas aller Gleichnisse verweisen.

10.3.1 Erklärung des Begriffes

Mitunter wird schlicht und einfach definiert: Gleichnisse sind irdische Geschichten mit einer himmlischen Lehre. Aber solche Definitionen beantworten noch nicht die Frage: was ist ein Gleichnis? Etymologisch bedeutet das griechische Wort *parabole* einfach etwas, das beiseite oder nebenbei gelegt oder geworfen wird, um es zu illustrieren, eine Analogie zu geben. Das Wort *parabole* kommt etwa 48-mal in den Synoptikern vor und 2-mal im Hebräerbrief.

Wir müssen aber bedenken, dass hinter diesem griechischen Wort hebräisches Gedankengut liegt. Das hebräische *maschal* deckt ein viel größeres Gebiet als *parabole*. Es schließt Gleichnis, Sprüche, Rätsel, Fabeln, Allegorie, Illustrationen usw. ein. Also müsste man das griechische *parabole* erweitern.

Wir haben 30 Gleichnisse in den Evangelien, die das Wort „Gleichnis" in sich tragen. Jedoch enthalten 17 Gleichnisse nicht das Wort „Gleichnis“, und sind trotzdem Gleichnisse. Dann gibt es noch eine Unmenge von Gleichnissen, die in Spruchform erscheinen. Wenn man das alles bündelt, dürfte etwa ein Drittel aller Reden Jesu zu den Gleichnissen gezählt werden. Es gibt Gleichnisgeschichten, wie z.B. das Gleichnis vom verlorenen Sohn, aber es gibt auch Gleichnissprüche, wie z.B.: „Seid klug wie die Schlangen, aber ohne Falsch wie die Tauben.“.

Es ist die Frage gestellt worden, warum das Johannesevangelium keine Gleichnisse enthält. Gleichnisgeschichten sind in diesem Evangelium nicht zu finden, aber Gleichnisreden gibt es auch im 4. Evangelium. Wenn Jesus zu Nikodemus sagt (Joh 3,8): „Der Wind bläst, wo er will, und du hörst sein Sausen wohl; aber du weißt nicht, woher er kommt und wohin er fährt. So ist es bei jedem, der aus dem Geist geboren ist.“, haben wir ein Gleichnis.

10.3.2 Die Auslegung der Gleichnisse

In den ersten Jahrhunderten des Christentums wurden die Gleichnisse recht oft allegorisch ausgelegt. Es war eine Methode, die besonders im alexandrischen Judentum Zuhause war und die von christlichen Bibellesern übernommen wurde. Das Gleichnis vom barmherzigen Samariter wird z.B. von dem berühmten Kirchenvater Origenes im 3. Jahrhundert so erklärt:

(1) der Mann, der nach Jericho ging, ist Adam;
(2) Jerusalem ist das Paradies;
(3) Jericho ist die Welt;
(4) die Räuber sind die Feinde des Menschen;
(5) die Wunden sind die Sünden;
(6) der Priester stellt das Gesetz dar;
(7) der Levit stellt die Propheten dar;
(8) der Samariter ist Christus;
(9) das Tier ist der Leib Christi;
(10) die Herberge ist die Gemeinde;
(11) die zwei Groschen sind die Erkenntnis des Vaters und des Sohnes;
(12) der Wirt stellt die Engel dar, die über die Gemeinde wachen;
(13) die versprochene Rückkehr ist die Wiederkunft Christi.

Diese Art der Auslegung war im Mittelalter recht populär. Doch auf diesem Wege geht man an der Botschaft der Gleichnisse vorbei.

Man staunt höchstens über die Phantasie des Auslegers, dessen Auslegungen ganz willkürlich sind.

Zur Zeit der protestantischen Reformation im 16.Jahrhundert wurde diese Hermeneutik von Luther und Calvin verworfen. Die Einzelheiten einer Gleichnisgeschichte, so betonten sie, war nur der Rahmen, in welcher die Hauptwahrheit verborgen lag. Die Aufgabe des Auslegers sei es, diese Hauptlehre zu entdecken. Aber trotz dieser Denunziation der Allegorie, wucherte sie auch in protestantischen Kreisen weiter.

Durch die Veröffentlichung von Adolf Jülichers zwei Bänden, *Die Gleichnisreden Jesu* (1888 – 1899) gab es eine Wendung in der Erklärung der Gleichnisse. Er zeigte, dass alle Gleichnisse Jesu eine Hauptwahrheit betonten. Darin schaute er ganz richtig, nur ließ er sich zu sehr von seiner Theologie beeinflussen, wenn es bis zur Entdeckung der Hauptlehren kam. Auch ging er als Pionier in seiner Betonung auf *eine* Hauptwahrheit etwas zu weit, denn in einigen Gleichnissen gibt es bestimmt auch noch Nebenlehren. Aber er legte ein Fundament, auf welchem andere bauen konnten.

In der englisch-sprechenden Welt hat sich C.H. Dodd durch sein Buch *Parables of the Kingdom* (1937) verdienstlich gemacht. Er wies darauf hin, dass alle Gleichnisse eine Hauptlehre beinhalten, und diese Hauptlehre war „das Reich Gottes“. Alle Gleichnisse handeln von der königlichen Herrschaft Gottes. Worin er zu kurz kam war, dass er die Gegenwart des Himmelreiches auf Kosten des kommenden eschatologischen Reiches betonte.

Joachim Jeremias gab seinen Beitrag zum Verständnis der Gleichnisse darin, dass er es verstand, die Gleichnisse im Rahmen der palästinischen Kultur zu erklären (*Die Gleichnisse Jesu*, 1947, später revidiert). Als Formkritiker legte er zuviel Gewicht auf die Entstehung der Evangelien durch Evangelisten und Gemeinde.

Heute hat man allgemein ein besseres Verständnis für die Gleichnisse. Eines ist klar: Allegorie führt uns nicht auf das Innere der Gleichnisse, wenn auch in der Erzählung selbst mitunter allegorische Details zu finden sind. Dass die Gleichnisse alle vom Reich Gottes handeln, ist auch klar. Auch dass sie alle eine Hauptbetonung haben, wird allgemein angenommen; aber das bedeutet nicht, dass sie nicht polivalent oder polisignifikant sein können. Dass die Gleichnisreden als solche eigentlich nur im Rahmen der palästinischen Kultur zu verstehen sind, ist auch klar. Sie handeln von dem Hirtenleben, dem Fischfang, dem Ackerbau, dem Familienleben, der Baukunst usw. , wie es zur Zeit Jesu gelebt wurde.

10.3.3 Warum sprach Jesus in Gleichnissen?

Gleichnisreden waren zur Zeit Jesu eine bekannte Lehrmethode. Auch jüdische Rabbiner bedienten sich dieser Methode. Durch Gleichnisse konnte man eine Wahrheit so recht konkret machen. In den Gleichnissen werden die Hörer vor Entscheidungen gestellt. Gleichnisse im Munde Jesu waren nicht dazu da, die Wahrheit zu verdunkeln, sondern die Wahrheit zu erhellen. Und damit stoßen wir auf eine schwierige Stelle: in Markus 4,11-12 (und para) heißt es: „... denen aber draussen widerfährt es alles in Gleichnissen, damit sie es mit sehenden Augen sehen und doch nicht erkennen, und mit hörenden Ohren hören und doch nicht verstehen, damit sie sich nicht etwa bekehren und ihnen vergeben werde."

Immer wieder hört man, dass diese Worte aus der Urgemeinde stammen, und dass der Evangelist sie in den Mund Jesu gelegt hat. Jesus, so meint man, hätte solch grausame Worte (so Wilhelm Wrede) nicht aussprechen können. Als Israel das Evangelium verwarf, hat die Urgemeinde diese Verstockungslehre als Erklärung für Israels Unglauben verbreitet. Aber so einfach darf man diese Worte Jesu nicht zur Seite schieben. Man muss versuchen sie zu verstehen. Viel hängt in der Erklärung dieses Textes von dem Bindewort *hina* ab.

(1.) Soll das Wort „damit" im Sinne von ‚Zweck' verstanden werden? War es der Zweck der Gleichnisse, den Verstand der Hörer zu verdunkeln, ihr Herz zu verhärten? Nicht laut Markus 4,33-34: „Und durch viele solche Gleichnisse sagte er ihnen das Wort so, wie sie es zu hören vermochten. Und ohne Gleichnisse redete er nicht zu Ihnen; aber wenn sie allein waren, legte er seinen Jüngern alles aus."

(2.) Das Bindewort *hina* kann auch kausal verstanden werden. „Weil sie mit sehenden Augen sehen und doch nicht erkennen, und mit hörenden Ohren hören und doch nicht verstehen", bekehren sie sich nicht. In der Parallele bei Matthäus haben wir tatsächlich *hoti* („weil"), statt *hina*.

(3.) Auch hat man *hina* relativ verstanden. „... denen aber draussen widerfährt es alles in Gleichnissen, ‚welche' mit sehenden Augen sehen und doch nicht erkennen, und mit hörenden Ohren hören und doch nicht verstehen", und sich deshalb auch nicht bekehren.

(4.) Es ist auch möglich, dass dieses Wort Jesu ergänzt werden

> muss: „... denen aber draussen widerfährt es alles in Gleichnissen, damit sie es mit sehenden Augen sehen und doch nicht erkennen, und mit hörenden Ohren hören und doch nicht verstehen“, sodass erfüllt werde das Wort des Propheten Jesaja, mit sehenden Augen sehen sie und erkennen doch nicht, und folglich bekehren sie sich nicht.

Wenn man bedenkt, dass das Wort *parabole* als Übersetzung des hebräischen *maschal* auch „Rätsel“ bedeuten kann, dann könnte man den Text so lesen: „Euch (d.h. den Jüngern) ist das Geheimnis des Reiches Gottes gegeben (Geheimnis wird im Neuen Testament oft im Sinne von „Offenbarung“ gebraucht, d.h. Gott hat das Verborgene aufgeschlossen); denen aber, die draußen sind (d.h. den Ungläubigen) widerfährt alles in „Rätseln“ (d.h. die Botschaft Jesu ist ihnen ein Puzzle).“ Folglich erfahren sie, was die Hörer zur Zeit des Propheten Jesaja erfuhren: Gottes Botschaft wurde klar verkündigt in der Hoffnung, dass Menschen sich zu Gott bekehren würden. Aber Jesaja musste erleben, dass die, welche die Botschaft abstießen, durch die Predigt des Wortes verhärtet wurden. Und diese Enttäuschung des Propheten wiederholte sich jetzt in der Erfahrung des Messias. Jesus benutzt Gleichnisse, um es seinen Hörern leichter zu machen, die Botschaft von seinem Reich zu begreifen. Aber weil sie ihn und seine Botschaft verwerfen, werden sie durch dieselbe verhärtet, und erleben deshalb auch nicht die Bekehrung zu Gott, die Vergebung der Sünden.

10.3.4 Unterthemen in den Gleichnissen

Das Hauptthema der Gleichnisse ist, wie schon gesagt, das Reich Gottes. Aber diese Herrschaft Gottes hat recht viele Seiten. Gleichnisse handeln von verschiedenen Aspekten des Himmelreichs. Daher kann man sie auch in recht verschiedene Gruppierungen einteilen. Ich nenne einmal einige Unterthemen:

(1.) Gleichnisse, die Gottes Gnade verkündigen:
a. Das Gleichnis vom verlorenen Schaf, vom verlorenen Groschen, vom verlorenen Sohn (Lk 15); b. das Gleichnis vom Pharisäer und dem Zöllner (Lk 18); c. das Gleichnis von den zwei Schuldnern (Lk 7); d. das Gleichnis von den Arbeitern im Weinberg (Mt 20). Wir können hier nicht all die Gleichnisse, die von Gottes Gnadentaten reden, aufreihen.

(2.) Gleichnisse, die vom Wachstum des Reiches Gottes sprechen.
a. Das Gleichnis von der selbstwachsenden Saat (Mk 4); b. das Gleichnis vom Sauerteig (Mt 13); c. das Gleichnis vom Senfkorn (Mt 13).

(3.) Gleichnisse, die vom Finden, Entdecken des Reiches Gottes reden.
a. Das Gleichnis vom Schatz im Acker (Mt 13); b. das Gleichnis von der köstlichen Perle.

(4.) Gleichnisse, die das neue Leben im Reich Gottes beschreiben.
a. Die Kosten der Jüngerschaft (Lk 14); b. das Gebet (Lk 11); c. Vergebung (Mt 18); d. rechte Haushaltung (Lk 16); e. Hilfsbereitschaft (Lk 10).

(5.) Die Zukunft des Reiches Gottes.
a. Die zehn Jungfrauen (Mt 25); b. Schafe und Ziegen (Mt 25); c. Weizen und Unkraut (Mt 13); d. das Schleppnetz (Mt 13).

Selbstverständlich gibt es noch andere Möglichkeiten in der Gliederung der Gleichnisse. Ich habe nur eine Beispielliste angegeben.

Bei der Auslegung der Gleichnisse ist es wichtig, dass man die Sitten und Gebräuche zur Zeit Jesu kennt. Wer mit der Landwirtschaft zu jener Zeit vertraut ist, wird das Gleichnis vom Sämann leichter verstehen. Wer das Hirtenleben kennt, wird das Gleichnis von den Schafen und Ziegen leichter verstehen. Das Gleichnis von den zehn Jungfrauen erklärt sich leichter, wenn man die Hochzeitsfeiern / -zeremonien jener Zeit kennt. Immer wieder gebraucht Jesus Gleichnisse aus dem Haushalt, dem Fischfang oder auch aus dem ökonomischen Bereich.

Auch muss man die populären Ansichten der jüdischen Bevölkerung kennen, um den Eindruck, welchen die Gleichnisse auf Jesu Hörer gemacht haben müssen, zu spüren. Nehmen wir noch einmal das Gleichnis vom Pharisäer und Zöllner (Lk 18). Wenn wir dieses Gleichnis lesen, denken wir: nun ja, ein Pharisäer ist ein arroganter, gesetzlicher Mensch, kein Wunder, dass Gott das Gebet eines solchen Menschen nicht annimmt. Aber für die Hörer zur Zeit Jesu muss dieses Gleichnis ein gewaltiger Schock gewesen sein. Die Pharisäer waren die frömmsten Menschen; die Zöllner dagegen die verachtesten, die schlechtesten. In dem Gleichnis aber geht der Zöllner gerechtfertigt nach Hause, der Pharisäer nicht. Hier stellt Jesus alles auf den Kopf. Etwas ähnliches haben wir bei dem Gleichnis vom barmherzigen Samariter. Man muss also Gleichnisse aus der kulturellen Situation des ersten Jahrhunderts erklären.

Und damit stoßen wir auf etwas Wichtiges. Jesus gebrauchte das Gleichnis als Lehrmethode in seiner Verkündigung vom Reich Gottes. Seine Hörer waren seine jüdischen Landsleute. Als die Evangelien jedoch geschrieben wurden, hatten die Schreiber, die Evangelisten, eine andere Audienz. Die Gleichnisse vom verlorenen Schaf, vom verlorenen Groschen und dem verlorenen Sohn (Lk 15) erzählte Jesus, als er zu den Pharisäern und Schriftgelehrten sprach, die darüber mürrisch waren, dass Jesus mit Sündern verkehrte. Als aber Lukas das Evangelium schrieb, hatte er Theophilus im Auge (Lk 1,1-4), „... damit du den sicheren Grund der Lehre erführest, in der du unterrichtet bist“. Die Evangelien wurden für Leser einer späteren Generation geschrieben (ungefähr 35 Jahre nach dem Tod Jesu). Also müssen wir beim Lesen der Gleichnisse eine dreifache Frage stellen: a. Was wollte Jesus seinen jüdischen Landsleuten mit dem Gleichnis sagen? b. Was wollten Matthäus, Markus und Lukas ihren Lesern (und ein jeder hatte einen anderen Leserkreis im Auge) mit den Gleichnissen sagen? c. Was wollen uns die Gleichnisse Jesu in unserer Zeit, in unseren Verhältnissen sagen?

11

Andere Literaturgattungen des Neuen Testaments

Neben den Evangelien, für die es damals keine literarische Parallele gab, finden wir im Neuen Testament ein recht langes Geschichtsbuch, die Apostelgeschichte. Wir finden auch eine Sammlung inhaltsreicher Briefe aus der Feder der Apostel. Zuletzt finden wir am Schluss des Neuen Testaments ein einzigartiges Buch, die „Offenbarung“ (*apokalypsis*). Über diese drei verschiedenen Literaturgattungen wollen wir einige Beobachtungen machen und dann kurz auf hermeneutische Fragen eingehen.

11.1 Die Apostelgeschichte

In der Geschichte des neutestamentlichen Kanons spielt die Apostelgeschichte eine bedeutende Rolle. Die Evangelien schließen alle mit der Auferstehung unseres Herrn (Lukas übrigens erwähnt auch noch die Himmelfahrt, Lk 24,51). Unwillkürlich steigt dann beim Leser die Frage auf: Was geschah nach diesem wunderbaren Ereignis? Und wer die Briefe an die Gemeinden liest, fragt nach der Entstehung dieser Gemeinden.

Die Apostelgeschichte gibt auf beide Fragen eine Antwort: Sie führt uns einen Schritt weiter in der Heilsgeschichte. Sie ist gleichsam die Fortsetzung dessen, womit Jesus durch sein Kommen, sein Sterben und seine Erhöhung begonnen hatte. Zugleich gibt die Apostelgeschichte uns auch den geschichtlichen Hintergrund, der uns hilft, die Briefe des Neuen Testaments besser zu verstehen. Sie ist gleichsam das Bindeglied zwischen den Evangelien und den anderen Büchern des Neuen Testaments.

In den vielen Erneuerungsbewegungen in der Geschichte der christlichen Kirche hat man immer wieder versucht zur Urgemeinde zurückzukehren. Die Täuferbewegung im 16. Jahrhundert wird mitunter als „radikale Reformation“ bezeichnet. Der Grund dafür ist, dass die Täufer zur *radix*, d.h. zur Wurzel, zurückgehen wollten. Sie wollten ihr Leben nach dem Muster der Urgemeinde, wie Lukas uns dieses in der Apostelgeschichte vorführt, einrichten.

Vom hermeneutischen Standpunkt gesehen ist dieses „Zurückgehen-Wollen“ zur Apostelgeschichte gar nicht so einfach. Einmal kann man die einzigartigen Begebenheiten, die vor 2000 Jahren stattfanden, nicht einfach wiederholen oder nachahmen. Zum andern war die Gemeinde, die am Pfingsttage geboren wurde, eine wachsende Gemeinde und daher ist das Gemeindebild in der Apostelgeschichte nicht einförmig. Wenn man dann versucht so zu handeln wie die Urgemeinde, greift man in der Regel gewisse Dinge aus diesem Gemeindebild heraus und übersieht andere wichtige Aspekte.

Weil die Apostelgeschichte ein geschichtliches Buch ist, steigt immer wieder die Frage auf: Was ist für uns heute an diesen Berichten normhaft?, und: Was gehört zu den unwiederholbaren Ereignissen in der Zeit zwischen Pfingsten und der Zerstörung Jerusalems?

Im Sinaitikus (eine griechische Handschrift des NT) heißt die Apostelgeschichte einfach *praxeis* (Aktionen, Tätigkeiten). Literatur dieser Art war der alten Welt gut bekannt. Wir haben z.B. die *praxeis* von Alexander dem Großen. Eigentlich haben wir in dem zweiten Werk des Lukas wesentlich mehr als nur Berichte über die Tätigkeiten der Apostel. Die Apostelgeschichte enthält auch eine Menge kürzerer und längerer Reden und Predigten. Die Überschrift gehört aber eigentlich nicht zum Text des Buches. Zudem wurde die Überschrift in den Handschriften mit der Zeit verlängert. Einige Handschriften lauten: „Die Tätigkeiten aller Apostel“. Das ist nicht gerade eine sehr glückliche Überschrift, denn sie behandeln hauptsächlich die Arbeit des Petrus und Paulus. Einige andere Apostel, z.B. Johannes und Jakobus, werden erwähnt, aber die Kapitel 1 bis 12 sind von der Person des Apostels Petrus überschattet, und die übrigen Kapitel von der Person des Apostels Paulus.

Es scheint fast, als ob Lukas sich bemühte die Taten und Reden dieser zwei Apostel nebeneinander zu stellen:

Petrus heilt einen Krüppel (3,2); Paulus auch (14,8).

Petrus setzt sich mit Simon dem Zauberer auseinander (8,18); Paulus mit Elymas (13,6). Petrus weckt Tabea vom Tode auf (9,36); Paulus erweckt den Eutychus (20,9).

Petrus wird in mirakulöser Weise aus dem Gefängnis befreit (12,7); Paulus auch (16,7).

Man könnte eigentlich von den Tätigkeiten des Petrus und Paulus sprechen, aber die Handschriften tragen nicht solche Überschriften.

Wenn wir mit der Auslegung der Apostelgeschichte beginnen und uns fragen, wie wir sie auf unsere Zeit anwenden können, müssen wir auf einige Dinge Acht geben. Einmal gilt es zu bedenken, dass wir in der Apostelgeschichte eine Pioniersituation haben. Das bedeutet für uns, dass wir es heute in den Gemeinden nicht haargenau so machen können, wie es im 1. Jahrhundert getan wurde. Damals wurde z.B. das Evangelium verkündigt, Menschen hörten es, nahmen es an, und ließen sich sofort taufen. Da war keine Wartezeit, kein Taufunterricht. Bedeutet das nun, dass, wenn sich heute jemand, der in einem christlichen Elternhaus aufwächst und sich im Kindesalter bekehrt, sofort taufen lassen muss? Theologisch verläuft Bekehrung, Empfang des Geistes und Wassertaufe zusammen, aber deshalb darf ein Kind ruhig warten bis es älter wird und ein mehr verantwortungsvolles Gemeindeglied sein kann, ehe es sich taufen lässt. Auch darf man aus dem Schweigen der Apostelgeschichte über Taufunterricht nicht schließen, dass solch ein Unterricht nicht gottgewollt ist. Die Apostelgeschichte schweigt über vieles, was christliche Gemeinden durch die Jahrhunderte für nötig und gut befunden haben. Es wird in der Apostelgeschichte auch nichts über den Bau von Versammlungshäusern gesagt, denn ursprünglich versammelte man sich in Wohnhäusern. (Auch heute noch gibt es christliche Gemeinschaften, die darauf bestehen, dass man sich nur in Privathäusern versammelt.) Auch über Chöre und Musik hören wir nichts, und man darf heute nicht ohne weiteres den Tempelgottesdienst des Alten Testaments zum Beispiel nehmen.

Dass nicht alles, was in den ersten Jahren des Christentums geschah, für uns die Norm sein kann, wird auch anhand von Apostelgeschichte 8 deutlich, wo die Bekehrung der Samarier berichtet wird. Was Petrus am Pfingsttage versprach, nämlich dass Menschen, wenn sie Buße taten, an Christus glaubten, die Vergebung der Sünden empfingen und sich taufen ließen, dann die Gabe des Heiligen Geistes empfangen würden (Apg 2,38), geschah bei den Samariern nicht, wenigstens nicht sofort. Philippus predigte das Evangelium, die Samarier nahmen das Wort an und ließen sich taufen. Aber der Geist wurde ihnen vorenthalten, bis Petrus und Johannes hinkamen und selber bezeugen konnten, dass die Samarier auch den Geist empfangen hatten. Dieses war nicht nur für die Apostel wichtig, denn jetzt herrschte kein Zweifel mehr darüber, dass Gott auch die Samarier in seinen Heilsplan eingeschlossen hatte, sondern es war auch für die Samarier sehr wichtig, von den Aposteln aus der jerusalemer Gemeinde aufgenommen zu werden. Daher darf man die Heilserfahrung der Samarier nicht als Beispiel für eine zweite Erfahrung (zu Unrecht „Taufe mit dem Geist“ genannt) nach der Wiedergeburt benutzen. Gotteskinder machen in ihrem Leben oft neue Erfahrungen mit Gott, aber in Apostelgeschichte 8, wie auch später in Kapitel 19, sehen wir etwas ganz Einzigartiges in der Ausbreitung des Christentums in den Anfangsjahren der Gemeinde Jesu Christi.

Ein Anderes, das zu beachten ist, ist die Tatsache, dass die Urgemeinde in den ersten Jahren unter der Leitung der Apostel stand. Über das Wirken der Zwölf Apostel in der Nach-Pfingstzeit wissen wir leider nur wenig, aber als die Apostel starben, wurden sie nicht ersetzt. Schon bald nach Pfingsten wurden in Jerusalem Älteste eingesetzt. Älteste können ersetzt werden, Apostel jedoch nicht, denn die Apostel gehören zum Fundament der Gemeinde. Sie hatten eine Vollmacht, über die die Ältesten nicht verfügten. Daher dürfen Gemeindeleiter sich heute auch nicht die Autorität anmessen, die Jesus den Aposteln gegeben hatte. Wenn Gemeinden heute zu einer Konferenz zusammentreten und gewisse Beschlüsse fassen, dann liegen diese nicht auf derselben Ebene wie die Beschlüsse auf dem Jerusalemkonzil (Apg 15).

Auch ist es wichtig, die Entwicklungen innerhalb der Urgemeinde zu beobachten. Die Gemeinden, die ausserhalb Jerusalems und Judäas lagen, handelten nicht alle so, wie die jerusalemer Gemeinde es anfänglich tat. Wenn die hutterischen Brüder heute noch darauf bestehen, dass die Urgemeinde die Gütergemeinschaft pflegte, darf man nicht übersehen, dass die Urgemeinde in Jerusalem auch Privateigentum noch erlaubte. Maria, die Mutter des Markus z.B., hatte sogar ein so großes Haus, dass sich die Gläubigen dort versammeln konnten. Dass die jerusalemer Gemeinde willig war, Hab und Gut zu opfern, um den Armen zu helfen, gilt auch heute allen Gemeinden als Vorbild. Aber nicht alle Gläubigen in Jerusalem machten es dem Barnabas nach (Apg 4,36-37). Auch fordert Paulus in seinen Briefen an die Gemeinden nirgends solchen Ausverkauf.

Das Pfingstwunder gehört auch zu den einzigartigen geschichtlichen Grundlagen des christlichen Glaubens, wie auch das Kreuz und die Erhöhung unseres Herrn. Immer wieder hat es Gotteskinder gegeben, die das Pfingstwunder persönlich zu erleben suchten. Aber man kann doch nicht so wie die 120 sich in einem oberen Saal versammeln und im Gebet verharren, bis man den Geist in der Weise empfängt, wie es am ersten Pfingsttage geschah. Auch das Zungenreden, das in Apostelgeschichte 2 erwähnt wird, war einzigartig und nicht gleich dem Zungenreden, von dem Paulus in

1.Korinther 12-14 spricht, denn am Pfingsttage verkündigten die Apostel das Evangelium in solcher Weise, dass die Zuhörer es in ihrer Muttersprache verstanden. (Um das Zungenreden, das im Korintherbrief erwähnt wird, zu verstehen, muss man einen Dolmetscher haben.)

So manche Fragen, mit der die frühchristlichen Gemeinden sich auseinandersetzen mussten, sind für uns nicht aktuell. Die Fragen der Urgemeinden waren oft geschichtlich und sogar kulturell bedingt. Da war z.B. die Frage, wie sich das Christentum aus dem Judentum zur Synagoge und zum Tempel stellen sollte. In der Gemeinde zu Jerusalem mussten die hellenistischen und hebraistischen Juden, die zum Glauben an Christus gekommen waren, lernen miteinander auszukommen. Was man mit den alttestamentlichen Speisegesetzen tun sollte, war ein weiteres Problem für jüdische Christen. Und dann die recht heikle Frage: Sollten gläubige Männer aus den Heiden sich beschneiden lassen, um rechtmäßige Mitglieder in der Gemeinde Jesu Christi zu sein? Eine andere Frage lautete: War das Essen von Götzenopferfleisch den Gläubigen erlaubt oder nicht? Also Fragen, die uns heute eigentlich nicht beschäftigen! Anwendungen auf das Leben der heutigen Gemeinde kann man schon machen, aber man muss dabei recht vorsichtig sein.

Wenn Gemeinden heute andere gottesdienstliche Formen haben, andere Gemeindestrukturen, andere Lehrmethoden (z.B. Sonntagsschule, Bibelseminare usw.) haben, dann darf das im Geist der Urgemeinde sein, muss aber nicht der Praxis entsprechen. Die Apostelgeschichte zeigt, dass der Geist Gottes nicht gegen jede Innovation im Leben der Gemeinde ist. Gemeinden dürfen sich nicht von ihren geschichtlichen Wurzeln, wie sie uns in der Apostelgeschichte beschrieben werden, trennen, aber sie haben die Freiheit, wie die Urgemeinde unter der Leitung des Geistes nach neuen Wegen zu suchen, die zum Aufbau der Gemeinde führen.

11.2 Die Briefe

Aus den 27 Büchern des Neuen Testaments sind 21 in Briefform. Wenn man dann noch die 7 Briefe der Offenbarung addiert, dann haben wir 28 Briefe im Neuen Testament. Evangelien hatte es bis dahin nicht gegeben, aber Briefe waren eine recht bekannte Literaturgattung. Und die Papyrusfunde in Ägypten zeigten uns, dass auch die Form der neutestamentlichen Briefe allgemein bekannt war.

In der sakralen Literatur anderer Religionen wird die Briefform nicht benutzt. Es ist also etwas ganz Einzigartiges, so viele Briefe im Neuen Testament zu finden. Sie werden in der Regel in zwei Gruppen eingeteilt. Da haben wir zunächst die Briefe des Paulus, und dann die allgemeinen Briefe, auch „katholische“ (d.h. universale) Briefe genannt, weil letztere nicht an bestimmte Gemeinden gerichtet sind, sondern an Leser, die gleichsam in der christlichen Diaspora wohnten. Ehe wir hermeneutische Fragen in Bezug auf die Briefe erwägen, wollen wir einige allgemeine Beobachtungen über die Briefe des Neuen Testaments machen, die uns helfen können, die Briefe besser zu verstehen.

11.2.1 Allgemeine Beobachtungen

(1) Ihre Form. Die Briefe des neuen Testaments haben dieselbe Form wie die gewöhnlichen nicht-religiösen Briefe jener Zeiten hatten. Apion z.B. schreibt an seinen Vater: „Apion grüßt seinen Vater und Herr Epimachus. Ich bete vor allen Dingen, dass es dir wohlgehe ... Ich danke meinem Gott Serapis, dass er mich bewahrt hat vor Gefahr auf dem Meer ...“ Wir finden hier also, ähnlich wie bei Paulus, Briefsender, Briefempfänger, Gruß, Gebet und Dank. Dass die Briefe des Neuen Testaments von den Aposteln geschrieben und vom Heiligen Geist inspiriert sind und einen anderen Inhalt haben als gewöhnliche Briefe, versteht sich von selbst; nur die bekannte äußere Form ist dieselbe.

(2) Ihre Zahl. Dreizehn neutestamentliche Briefe kommen aus der Feder des Apostels Paulus. Der Hebräerbrief ist anonym. Wir wissen aber, dass Paulus mehr als 13 Briefe geschrieben hat. Er erwähnt z.B. in 1.Korinther 5,9 einen Brief, den wir nicht haben. In Kolosser 4,16 wird auch noch sein Brief an die Laodizäer genannt, den wir auch nicht haben. Jedenfalls hat er noch andere Briefe geschrieben, die uns nicht erhalten geblieben sind. Paulus schrieb ja in der Regel an bestimmte Gemeinden, die es mit ganz anderen Problemen und Fragen zu tun hatten. Er hatte nicht zum Ziel, ein neues Testament zu schreiben. Ja, er war sich nicht einmal immer sicher, ob seine Briefe in den Gemeinden überhaupt vorgelesen werden würden (z.B. 1Thess 5,27). Seine Briefe sind zum großen Teil Gelegenheitsschriften. Auffallend ist, dass Lukas, der einen großen Teil seiner Apostelgeschichte dem Paulus widmet, nirgends einen einzigen Brief des Apostels erwähnt. Es ist möglich, dass die Herausgabe der Apostelgeschichte zur Sammlung der apostolischen Briefe führte. In unserem Kanon sind Paulus' „Gemeindebriefe", wie auch die sogenannten Privatbriefe der Länge nach, und nicht der Chronologie nach, geordnet.

Neben den 13 Paulinen haben wir im Neuen Testament noch 8 andere apostolische Briefe, geschrieben von Petrus, Johannes, Jakobus, Judas und dem unbekannten Autor des Hebräerbriefes. Diese „allgemeinen" Briefe haben nicht alle die bekannte Briefform. Einige könnte man als Traktate oder Predigten bezeichnen.

(3) Die Komposition. Paulus diktierte in der Regel seine Briefe. Der Schreiber des Römerbriefes, Tertius, wird sogar beim Namen genannt (Röm 16,22). In einigen Briefen macht Paulus auf seine Unterschrift mit eigener Hand aufmerksam (1Kor 16,21; Kol 4,18; 2Thess 3,17). In Galater 6,11 weist er sogar auf die großen Buchstaben hin, mit denen er das Schlusswort schreibt. Paulus diktierte also seine Briefe. Das war zu jener Zeit nichts Besonderes, denn auch Kurzschrift war bekannt. Ob die Schreiber den Stil der Apostel beeinflusst haben, ist schwer festzustellen.

(4) Der Stil. Die Apostel schreiben im damals bekannten *koine* Griechisch. Und doch leuchtet immer wieder ihre semitische Muttersprache hinter der griechischen durch. Obendrein muss beachtet werden, dass hinter den griechischen Hauptwörtern alttestamentliche hebräische Begriffe liegen. Sonst ist die Sprache recht volkstümlich; hier und da ist der Stil etwas gehoben. Die Apostel bedienen sich auch reichlich der Bildersprache. Bilder aus dem Großstadtleben, der Landwirtschaft, dem Militär, der Architektur, dem Sport, der Schiffswelt, dem jüdischen Kult usw. findet man überall.

(5) Die Übermittlung. Briefe mussten damals von Freunden und Reisenden übermittelt werden, denn die kaiserliche Post beförderte keine Privatbriefe. Einige dieser Boten/Übermittler sind uns mit Namen genannt, z.B. Titus (2Kor 7,7.8), Epaphroditus (Phil 2,25), Tychikus (Kol 4,7-9; Eph 6,21-22). Es dauerte mitunter recht lange, bis ein Brief an Privatpersonen, oder wie wir es im Neuen Testament haben, an Gemeinden abgeliefert wurde.

11.2.2 Hermeneutische Fragen

Die Briefe des Neuen Testaments wurden einmal mit einem Telefongespräch verglichen. Jemand hört wie ein anderer telefoniert und errät zum Teil, was auf dem anderen Ende gesagt oder gefragt wird. So müssen auch wir zwischen den Zeilen der apostolischen Briefe lesen. Man kann ungefähr feststellen, was die Frage, das Problem, der geistliche Zustand der Leser war, weil der Brief diese Dinge anspricht. Man darf in dieser Hinsicht aber nicht zu dogmatisch sein, denn Bibelforscher sind sich nicht immer darin einig, zu welchem Problem der Apostel in seinen Briefen spricht.

Manches, was in den Briefen angesprochen wird, geht uns heute nicht mehr direkt an. Die apostolischen Briefe sind Gelegenheitsschriften, die aus den Verhältnissen des 1. Jahrhunderts geboren wurden. Wir leben heute in ganz anderen Verhältnissen. Damit soll aber nicht gesagt werden, dass, wenn gewisse Anordnungen der Apostel zeitbedingt sind, wir sie nicht auf unsere Zeit anwenden können. Nur muss man dabei vorsichtig sein. Wenn Paulus z.B. Timotheus den Rat gibt (1Tim 5,23), nicht nur Wasser zu trinken, sondern auch Wein, um seines Magens willen, dann hatte dieser Rat eine ganz persönliche konkrete, aber zeitbedingte Bedeutung. Jedoch liegt auch in dieser praktischen Ermahnung etwas für uns Wichtiges. Nicht, dass Paulus hier zum Genießen von alkoholischen Getränken ermutigt, aber er legitimiert den Gebrauch von Medizin in der Gesundheitspflege.

Wenn Paulus Timotheus bittet den Mantel, den er in Troas zurückgelassen hatte, mitzubringen, und auch die Bücher, besonders auch die Pergamente (2Tim 4,13), dann versteht es sich von selbst, dass man Bitten dieser Art nicht direkt übertragen kann. Übrigens leuchtet auch aus dieser Bitte etwas ganz Wichtiges über die physischen und geistigen Bedürfnisse des Apostels heraus. Er möchte zum Winter seinen Mantel haben, als Schutz gegen die Kälte, aber er sehnt sich auch nach seinen Büchern. Also ist Paulus trotz seiner hohen Berufung doch ganz Mensch, und das ist für uns weniger Begabte auch ein Trost.

Einige Dinge, die die Apostel in ihren Briefen ansprechen, sind uns natürlich fremd. Das Essen von Götzenopferfleisch (1Kor 8-10) ist kaum unser Problem. Und doch liegen in diesen Kapiteln Wichtige und dauernde Grundsätze verborgen. Hier können wir lernen, was christliche Freiheit eigentlich bedeutet. Auch zeigt Paulus uns hier, wie man sich Menschen anpassen kann, ohne ethische Grundsätze zu verletzen. Hier wird auch gesagt, wie man mit anderen Gläubigen zusammenleben kann, deren Gewissen anders erzogen worden ist, als das unsrige.

Der Kampf des Apostels Paulus gegen die Beschneidung als Bedingung zur Aufnahme in die christliche Gemeinde ist nicht unser Kampf. Aber die Frage, welche Bedingungen wir den Täuflingen stellen, ehe wir gewillt sind sie aufzunehmen, ist noch immer eine recht lebendige Frage, wenigstens in den Kreisen in denen die Glaubenstaufe praktiziert wird. Der Kampf des Paulus gegen die Werkgerechtigkeit ist jedoch ein Kampf, mit dem wir es noch immer zu tun haben. Und die Werke des Fleisches, die von den Aposteln genannt werden, sind noch immer Werke des Fleisches.

Ganz anders ist die Frage der Leibeigenschaft. Das Sklavenwesen, wie es zur Zeit der Apostel bekannt war, ist nicht unser Problem. Aber die Frage, wie christliche Arbeitgeber sich zu den Arbeitnehmern verhalten, und auch umgekehrt, ist ein Gebiet, auf dem unser Christentum auf die Probe gestellt werden kann. In indirekter Weise haben wir die Ermahnungen an ‚Herren und Sklaven' (Eph 6,6-8) anwenden.

Einige Briefe des Neuen Testaments nehmen Stellung gegen den Gnostizismus, der damals für die Gemeinden eine Gefahr darstellte (Paulus im Kolosserbrief, Johannes im 1. Johannes). Wenn der Stoff, die Materie böse ist, kann man kaum an die Menschwerdung Jesu glauben. Auch bekommt man dadurch eine verkehrte Einstellung zum menschlichen Leib – entweder man wird asketisch oder zügellos. Ob wir es heute noch mit dem Gnostizismus zu tun haben, das sei dahingestellt, aber wir müssen uns mit manchen anderen Ideologien, die für den christlichen Glauben eine Gefahr sind, auseinandersetzen. Und die Briefe der Apostel können uns darin helfen.

Für die, die um Jesu willen zu leiden haben, ist es ja verhältnismäßig leicht, einige Briefe (z.B. 1.Petrus) heute direkt auf sich anzuwenden. Da, wo wir mit den ursprünglichen Lesern eine Situationsverbundenheit spüren, wird die Distanz zwischen dem 1. und dem 20. Jahrhundert bedeutend geringer. Auch die vielen Trostworte der Briefe können wir direkt auf uns anwenden, wenn wir durch Leid gehen. Aber auch die Warnungen der Apostel vor dem Abfall sollten wir auf uns selbst anwenden, wie auch die Zusicherungen von Seiten Gottes, dass er uns erhalten wird bis ans Ende.

Die vielen ethischen Fragen, die in den Briefen angesprochen werden, decken sich nicht immer mit den unsrigen. Jedoch ist es nicht schwer Grundsätze in diesen Abschnitten zu entdecken, die uns heute leiten können, auch wenn wir andere Fragen haben. Die Warnung des Johannes: „Habt nicht lieb die Welt." (1Joh 2,15), muss in jeder Generation von den Kindern Gottes, die in dieser argen Welt leben, aufs Neue angewandt werden. Wenn es dagegen um die Frucht des Geistes geht (Galater 5,22), braucht man nicht lange zu fragen, ob Liebe, Freude, Friede usw. heute noch anwendbar sind, sie gehören zum Wesen des christlichen Glaubens.

11.3 Apokalyptik

11.3.1 Die Literaturgattung

Im letzten Buch der Bibel finden wir eine Art von Literatur, die man „Apokalyptik“ nennt. Die Überschrift dieses Buches lautet *apokalypsis* (d.h. Offenbarung). Eigentlich haben wir innerhalb dieses Buches noch andere Literaturgattungen. Kapitel 2 und 3 enthalten die sieben Gemeindebriefe. Auch betont Johannes hier und da, dass er prophetische Worte an die Gemeinden richtet. Prophetie handelt von dem gegenwärtigen Leben des Volkes Gottes. Propheten trösten, warnen, ermahnen und belehren, sodass Gottes Volk den rechten Weg gehen kann und, wenn nötig, Buße tut; aber auch mit voller Glaubensgewissheit dem Herrn dient, ihm treu bleibt und sich auf seine Hilfe verlässt. Bei der Apokalyptik dagegen geht es um das Ende der Welt.

Apokalyptische Literatur war im Judentum reichlich vorhanden, und die Offenbarung ist ihrer literarischen Art nach nicht eine Neuschöpfung. Wenn die Offenbarung des Johannes sich auch von der jüdischen Apokalyptik streng unterscheidet, so hat dieses Buch doch recht viele Ähnlichkeiten mit der Art von Literatur, die im Judentum zu Hause war.

Jüdische apokalyptische Literatur ist recht pessimistisch. Man hat die Hoffnung auf bessere Zeiten hier auf der Erde verloren und konzentriert sich auf das kommende Äon. Die Gegenwart ist finster; hier auf der Erde ist Hopfen und Malz verloren. Man muss nur geduldig warten, denn bald wird Gott eingreifen und dieser dunklen Zeit ein Ende machen.

Schreiber dieser Art von Literatur berichten über ihre Träume und Visionen und über Botschaften, die sie durch Engel erhalten haben. Sie bedienen sich der Symbolik, um ihre Botschaft an den Mann zu bringen – symbolische Zahlen, symbolische Namen usw., sie gebrauchen auch Bilder aus der Mythologie.

Der davidische Messias spielt in der jüdischen Apokalyptik kaum eine Rolle. National-politische Hoffnungen verblassen hier; hier ist die Sehnsucht nach einer Wiederherstellung Israels untergegangen. Die ganze Kreatur steht vor dem Gericht, und daran kann man nicht rütteln.

Der göttliche Plan für diese böse Welt ist ehern und allgewaltig; der Kosmos eilt dem Ende zu. Bei der **Prophetie** spielt Gottes Langmut und Reue eine Rolle. Gott reagiert darauf, wenn Menschen sich zu ihm kehren. Bei den **Apokalyptikern** steht alles fest. Sie wissen genau wo der Zeiger an der Weltenuhr steht. Doch die Berechnungen der jüdischen Schreiber sind falsch; auch müssen sie immer wieder neue Termine setzen.

Meistens schreiben sie im Namen eines Großen der israelitischen Vergangenheit. Sie schreiben im Namen Adams, Abrahams, Henochs, Moses, Elias usw. Das gab ihren Schriften Autorität. Auch decken sie sich damit, denn Apokalyptik konnte für die Schreiber gefährlich sein.

Die Offenbarung des Johannes hat Ähnlichkeiten mit dieser Art von Literatur, hat aber eine christliche Glaubensschau. Auch braucht Johannes keinen Decknamen für seine Person. Er stellt sich mit Namen vor; er ist Gefangener Roms und leidet als Zeuge Jesu. Und während jüdische Apokalypsen „versiegelt" waren, weil nur Eliteleser sie zu verstehen vermochten, ist die Apokalypse des Johannes an gewöhnliche Menschen in den Gemeinden Kleinasiens gerichtet. Hier werden Siegel gebrochen. Hier heißt es: „Versiegle nicht die Worte der Weissagung in diesem Buch" (22,10). Johannes will, dass die Offenbarung in den Gemeinden gelesen werden soll, sie soll verstanden werden, und Gottes Kinder sollen ihr Leben nach den Lehren dieses Buches einrichten.

Im Gegensatz zu dem Pessimismus der jüdischen Offenbarungen, haben wir bei Johannes einen freudigen Ausblick in die Zukunft. Der Ausgang der Geschichte ist für die Gläubigen am Kreuz entschieden worden; Christus hat über alle bösen Mächte gesiegt, und eines Tages wird dieser Sieg offenbar werden. Die Offenbarung ist vom Osterlicht durchdrungen. Johannes träumt nicht vom goldenen Zeitalter hier auf Erden, er kennt die Mächte der Finsternis, die da versuchen, Gottes Volk zu vernichten; aber er kann schon jetzt Siegeslieder singen, weil der Triumph der Gemeinde am Ende ganz sicher ist.

Während in den jüdischen Apokalypsen die Zeit berechnet wird, wann das Ende hereinbrechen wird, ist die Offenbarung des Johannes ein Trostbuch, das dem Leser versichert, dass Gott die Weltgeschichte lenkt und seine Heilspläne ausführt. Gotteskinder sind auch inmitten der Gerichte Gottes über diese gottlose Welt unter göttlichem Schutz und brauchen sich nicht zu fürchten. Die Offenbarung ist ein Aufruf an die Leser, ihrem Herrn treu zu bleiben auch inmitten der Verfolgungen, und solchen Überwindern winkt am Ende die Siegeskrone.

11.3.2 Auslegung der Offenbarung

Durch die Jahrhunderte ist die Offenbarung recht verschieden ausgelegt worden. Ich nenne einmal einige dieser hermeneutischen Methoden mit kurzen Bewertungen.

(1) Die zeitgeschichtliche (präteristische) Auslegung. Bei dieser Methode versucht man die Offenbarung aus den geschichtlichen Ereignissen des 1. Jahrhunderts zu erklären. Da muss man natürlich anfangen, denn alle Bücher des Neuen Testaments sind zeitgenössische Schriften. Jedoch darf man bei dieser Erklärung nicht stehen bleiben, denn der Blick des Sehers Johannes geht weit über das 1. Jahrhundert hinaus.

(2) Die geschichtliche (historisierende) Auslegung. Bei dieser Methode versucht man die Erklärung des Buches in späteren, geschichtlichen Ereignissen zu finden. Das Weib auf dem Tier z.B. ist die mittelalterliche Kirche; das Verschlingen des Büchleins von dem Seher spricht von der protestantischen Reformation; die Heuschrecken aus dem Abgrund stellen die französische Revolution dar usw. Solche Erklärungen müssen dann ständig revidiert werden, denn die Geschichte nimmt oft unerwartete Wendungen. Und weil solche Erklärungen recht willkürlich sind, sind sich die Ausleger auch nicht einig. Bei diesen Spekulationen ist fast immer das westliche Europa im Blickfeld; was in der Geschichte anderer Völker vor sich geht, liegt scheinbar ausserhalb der Botschaft der Offenbarung. Und wenn man nicht mit dem Buch als Großes und Ganzes so handelt, dann versucht man es wenigstens mit den sieben Briefen an die Gemeinden. Der Brief an Ephesus hat es dann mit dem Frühchristentum zu tun, und der an Laodizäa mit der Gemeinde in der Endzeit, kurz vor dem Kommen des Herrn. Man hört sogar die Bemerkung, wenn über die Lauheit der Gemeinde geklagt wird, dass es ja so in den letzten Tagen kommen muss. Aber man kann doch ganz unmöglich sieben Epochen der christlichen Kirche in den 7 Sendschreiben finden. Es waren doch alles Briefe, die an Gemeinden des 1. Jahrhunderts gerichtet wurden, und sie gelten uns heute genauso wie auch die anderen Briefe des Neuen Testaments.

(3) Die futuristische (endgeschichtliche) Auslegung. Bei dieser Methode soll die Offenbarung eine Beschreibung der Leiden der Endzeit sein. Ausgenommen die 7 Briefe, spricht Johannes hier von den dunkeln Tagen, die der Parusie Jesu Christi vorausgehen, wenn die Mächte der Finsternis sich in all ihrer Wut auf die Gemeinde Jesu Christi werfen wird. Also beschreibt das Buch die Trübsalszeit vor dem Kommen Jesu, das in Kapitel 19 beschrieben wird. Darauf folgt dann das Millennium und schließlich der neue Himmel und die neue Erde.

An dieser Erklärung liegt schon etwas Wichtiges, nur darf man dabei nicht vergessen, dass die Gemeinde schon im 1. Jahrhundert um Jesu Willen litt und in der ganzen Endzeit zu leiden hat. Wenn man bedenkt, dass Endzeit sich vom 1. bis zum 2. Kommen des Herrn zieht, dann hat dieses Buch für alle Zeiten eine Botschaft für die Gemeinde. Es ist ein Trostbuch für leidende Gotteskinder, nicht nur in der Zeit kurz vor dem Wiederkommen des Herrn, sondern schon vom 1. Jahrhundert an.

(4) Die dispensationalistische Auslegung. Nach den Lehren von John Darby kommt der Herr zweimal wieder, einmal zur Entrückung der Gemeinde, und dann nach der Trübsal zur Herrschaft im Millennium. Bei dieser Methode der Auslegung haben eigentlich nur die ersten drei Kapitel der Offenbarung auf die Gemeinde eine Anwendung in der Gegenwart. Die Kapitel 4 bis 16 handeln von der antichristlichen Zeit, die auf die Entrückung der Gemeinde folgen soll. Sie gelten eigentlich nicht denen, die zur Gemeinde Jesu Christi gehören. Diese Trübsalszeit schließt mit der Liquidierung des Antichristen und leitet dann die Herrschaft Christi mit seinem Volk im 1000-jährigen Reich ein. Darauf folgt dann der neue Himmel und die neue Erde. Über die Länge der Trübsalszeit denkt man verschieden, aber oft holt man sich eine siebzigste Jahrwoche aus Daniel, und wendet die Kapitel 4 bis 19 auf diese Zeit an.

Aber diese Methode ist recht problematisch. Einmal kann man auf Grund des Neuen Testaments eigentlich nicht den Tag des Herrn am Ende dieser Zeit in zwei Kommen des Herrn einteilen. Auch übersieht man, dass Jesus und die Apostel der Gemeinde nicht versprochen haben, dass sie vor der Trübsal entrückt werden würden. Durch die vielen Jahrhunderte hat die Gemeinde immer wieder Trübsal erlitten, und so wird es auch bis zum Ende der Zeit bleiben.

(5) Die symbolische Erklärung (allgemein religiöse). Eigentlich bedienen sich all die oben genannten Erklärungen der Symbolik, aber hier geht es darum, dass man nicht fragt, auf welche Ereignisse im 1. Jahrhundert oder auch in der Geschichte oder in der Endzeit die Botschaft des Johannes zu beziehen ist. Man will in der Offenbarung einfach nur bleibende geistliche Wahrheiten finden, die in den vielen Bildern des Buches verborgen liegen.

An all diesen Auslegungen ist etwas Richtiges, Legitimes. Aber wenn man nur eine einzige Methode benutzt, wird man die Botschaft der Offenbarung wohl nicht erfassen. Nur durch eine Kombination von all diesen Methoden wird uns die Schatzkammer des Buches erschlossen. Immer muss gefragt werden: was wollte Johannes seinen Lesern im 1. Jahrhundert sagen; und was bedeutet diese Botschaft für uns heute? Die Offenbarung muss man mit denselben Fragen lesen, wie wir es bei den anderen Büchern des Neuen Testaments machen.

Wenn man beachtet, dass Johannes dieses Buch zur Aufmunterung, zum Trost und zur Ermahnung der Leser der christlichen Gemeinden seiner Zeit schrieb, dann ist die Anwendung auf unsere Zeit eigentlich gar nicht so schwierig. Gott, nicht der römische Kaiser, ist Herr der Geschichte. Er führt seine Heilspläne durch Christus, das geschlachtete Lamm, aus. Auch wenn die Gemeinde unter der Gewalt böser Mächte zu leiden hat, ist sie doch auf dem Weg zur Herrlichkeit. Diese Welt ist nicht ihre Heimat; die Gemeinde ist ein Pilgervolk; sie hat hier auf Erden eine Mission: für Christus zu zeugen. Wo Christen heute zu leiden haben, wird das Buch viel leichter verstanden. „Mit Tränen wurde es geschrieben; mit Tränen allein wird es verstanden.“

12

Progressive Offenbarung und Einheit der Bibel

Zwischen dem Alten und dem Neuen Testament sind große Unterschiede. Die Bücher des Alten Testaments wurden in semitischen Sprachen geschrieben, die des Neuen in der griechischen Sprache. Das Alte Testament umspannt eine mehr als 1000-jährige Geschichte Israels, von der Zeit der Patriarchen bis zum 4. Jahrhundert vor Christus. Das Neue umspannt höchstens ein Jahrhundert. Das Alte Testament behandelt das Bundesverhältnis zwischen Gott und Israel; das Neue zeugt von dem neuen Bund, der durch den Tod Christi gestiftet wurde und der ein neues Gottesvolk ausruft, nämlich die Gemeinde Jesu Christi.

Trotz dieser großen Differenz ziehen sich doch gewisse Fäden durch alle Bücher des biblischen Kanons. Also haben wir Kontinuität zwischen den zwei Testamenten, aber zugleich auch Diskontinuität, denn die lange Geschichte Israels mündet in einen neuen Bund. Der Schreiber des Hebräerbriefes drückt diese Einheit des Wortes Gottes wie auch das progressive Elemente in der Offenbarung Gottes so aus: „Nachdem Gott vorzeiten vielfach und auf vielerlei Weise geredet hat zu den Vätern durch die Propheten, hat er in diesen letzten Tagen zu uns geredet durch den Sohn" (Heb 1,1-2). Hier wird angedeutet, dass wir in der Bibel eine „progressive" Offenbarung haben; derselbe Gott, der zu den Patriarchen sprach, redete später durch die Propheten, und am Ende hat er sich in seinem Sohn Jesus Christus offenbart. Also dürfen wir von der Einheit der Bibel sprechen, aber dabei nicht vergessen, dass Gott in der Geschichte Menschen von Zeit zu Zeit mehr Licht gegeben hat. Daher müssen wir auch die Schriften, die vorchristlich sind, vom Höhepunkt der endgültigen Offenbarung in Christus betrachten. Und darum geht es in diesem Kapitel.

12.1 Progressive Offenbarung von der Bibel bezeugt

Der Ausdruck „progressive Offenbarung" gefällt manchen Bibelforschern nicht; sie meinen, man sollte lieber von einer göttlichen Anpassung sprechen. Mitunter wird das Wort „progressiv" noch in einem andern Sinn gebraucht, als wir es hier verwenden. Es wird manchmal als Entwicklung, Evolution des religiösen Denkens des Volkes Israel verstanden. Primitive theologische Begriffe werden mit der Zeit von fortschrittlicheren ersetzt. Aber wir gebrauchen das Wort „progressiv“ nicht im Sinne von einer religiösen oder moralischen Entwicklung des Menschen. Mit „progressiv“ soll hier einfach gesagt werden, dass Gott sich etappenweise offenbart. Gott hatte schon vor Grundlegung der Welt seinen Heilsplan fertig, und er führte ihn Schritt für Schritt in der Geschichte aus, bis die Zeit erfüllt war und Gott seine endgültige Offenbarung in seinem Sohn gab.

Immer wieder wird in den Evangelien bezeugt, dass dieses oder jenes als Erfüllung der Schrift geschah. „Als die Zeit erfüllt war, sandte Gott seinen Sohn,“ schreibt Paulus an die Galater (4,4). Das Alte Testament war Vorbereitung, das Neue ist Erfüllung. In Epheser 1,10 spricht Paulus davon, dass in Christus alles zusammengefasst wird. In Christus wurden gleichsam die vielen Fraktionen der vorangegangenen Geschichte auf einen gemeinsamen Nenner gebracht, und jetzt können wir klarer sehen, was Gott von Anfang an im Sinn hatte.

Kein neutestamentlicher Schreiber sieht die progressive Offenbarung Gottes so klar, wie der Schreiber an die Hebräer. Wie schon gesagt, er beginnt seinen Brief mit der Beobachtung, dass Gott in der Vergangenheit von Zeit zu Zeit zu den Vätern durch die Propheten geredet hat (1,1-2); und durch den ganzen Brief zieht sich der Gedanke, dass wir jetzt etwas Besseres haben als zur Zeit Israels – ein besseres Opfer, einen besseren Bund, sogar das Blut Jesu spricht besser als das Abels.

In Christus, sagt Paulus, sind alle Gottesverheißungen „Ja und Amen“ (2Kor 1,20). Die „Enden“ (*tele*) der Zeiten sind auf uns gekommen (1Kor 10,11). Die Gemeinde Jesu Christi steht gleichsam am Gipfel einer langen Wanderschaft durch die Geschichte, und an ihr können jetzt sogar die himmlischen Wesen die mannigfaltige Weisheit Gottes kennenlernen (Eph 3,10).

Auch die Predigten der Apostelgeschichte bezeugen eine progressive Offenbarung. Sie beginnen immer bei den Patriarchen, machen dann einen Gang durch die Heilsgeschichte, und finden schließlich in dem Werk, dem Tod und der Erhöhung Jesu Christi, die Erfüllung. Darauf folgt dann in der Regel eine Einladung zu Christus zu kommen.

Oscar Cullmann schreibt: „So verläuft bis zu Jesus Christus die Heilsgeschichte in dem aufgezeichneten Sinn einer progressiven Reduzierung: Menschen – Volk Israel – Rest Israels – der Eine, Christus. Bis dahin tendiert die Vielheit auf den Einen hin, auf

Jesus Christus, der als der Christus Israels zum Erlöser der Menschheit, ja der Schöpfung wird. Hier ist die Heilsgeschichte in ihrem Zentrum angelangt (*Christus und die Zeit*, S. 101).

Weil das Neue Testament selbst eine progressive Offenbarung bezeugt, muss dieses bei der Exegese auch ernst genommen werden.

12.2 Exegese und progressive Offenbarung

Weil das Alte Testament zur Zeit der Vorbereitung gehört, darf man auch nicht irgendwo ein Wort herausgreifen und dann behaupten: „So lehrt die Schrift!". Manche Lehren der Bibel sind im Alten Testament nur im Keim zu finden. Man denke da z.B. an die Lehre über das Jenseits.

Wichtig ist auch, dass wir es im Alten Testament mit einem Volk Gottes zu tun haben, das zugleich ein Staat ist (es wenigstens wurde). Viele Gesetze des Pentateuchs, wie z.B. dass das Land ein Sabbatjahr genießen soll, dürfen wir nicht auf unsere Zeit überführen. Das Zivilgesetz, das das bürgerliche Leben Israels ordnete, gilt der Gemeinde Jesu Christi nicht, denn sie ist nicht ein Staat.

Weil das Alte Testament zur Vorbereitungszeit gehört, brauchen wir es auch nicht zu versuchen, all die Opfergesetze zu verchristlichen. Auch die Speisegesetze gelten uns nicht mehr, wie Jesus das klar gelehrt hat.

Wenn man die ganze Bibel gleichsam auf eine Fläche stellt, dann kommt man in Schwierigkeiten. Die Kindertaufe z.B. ist dann die Fortsetzung der Beschneidung; das Kriegführen gegen „gottlose" Völker ist dann legitim; man kann sogar gute Gründe für eine Staatskirche finden. Gerade bei diesem Punkt trennten sich die Anabaptisten von den Großreformatoren. Pilgram Marpeck (1490 – 1556) lehrte: so wie das Fundament vom Haus unterschieden werden muss, so muss das Alte Testament vom Neuen unterschieden werden. Nach seiner Meinung sollte man dem Alten Testament nicht dieselbe Autorität beimessen wie dem Neuen, denn man müsste zwischen dem vorläufigen Wort Gottes und dem endgültigen Wort an die Menschheit einen Unterschied machen. Seines Erachtens dürften Christen das Alte Testament nicht als Richtschnur für ihr Leben gebrauchen. Andere Täufer sprachen von zwei Bündnissen – vom alten und neuen Bund. Einige bedienten sich der Allegorie, indem sie diese zwei Bündnisse mit den gespalteten Klauen der Tiere verglichen, die laut den Speisegesetzen des Alten Testaments zur Speise dienen durften.

Jedenfalls gingen die Täufer in dieser Betonung zu weit, denn sie reagierten auf die Missbräuche, die man auf Grund des Alten Testaments als biblisch betrachtete. Ganz komische Dinge hat es auf dieser Linie gegeben. Als Europäer neue Länder in Nordamerika eroberten, meinten einige, sie hätten das Recht, wie Israel zur Zeit der Landeinnahme die „Kanaaniter“ (d.h. die einheimischen Indianer) auszurotten. Gott wohnte im Alten Testament zwischen den Cherubim; jetzt wohnt er zwischen den Bildern in der Kirche. Die Priester des Alten Bundes trugen eine besondere Tracht. Daher sollten Priester heute auch einzigartige Kleider tragen. Der salomonische Tempel wurde zum Prototyp für kostspielige Gotteshäuser, und so wie Gott damals im Heiligtum des Tempels wohnte, so wohnt er heute in Gotteshäusern. David tanzte vor dem Herrn; also ist Tanzen eine biblische Form des Gottesdienstes. Man kann also manches aus dem Alten Testament herausgreifen und als biblische Lehre verteidigen.

Recht katastrophal ist mitunter die Anwendung des alttestamentlichen Vergeltungsprinzips gewesen. Gott hatte Israel irdisches Wohlergehen versprochen, wenn es in seinen Wegen wandeln würde. Und wenn sie den Bund mit Gott nicht halten wollten, würde Israel Gottes Gerichtshiebe spüren müssen. Dieses Gesetz der Wiedervergeltung machte den einzelnen Gläubigen, wie z.B. Hiob, Asaph und anderen, viel zu schaffen, denn es traf scheinbar nicht immer ein. Jedenfalls hätte man dieses Gesetz missverstanden, wenn man es persönlich und auf jeden einzelnen Fall anzuwenden versuchte. Aber es ist auch exegetisch nicht zulässig dieses Gesetz auf das neue Gottesvolk, die Gemeinde, anzuwenden. Die Gemeinde ist nicht ein irdisches Volk wie Israel, das irdische Verheißungen hatte. Auch darf man dieses Gesetz nicht ohne weiteres auf einen heutigen Staat anwenden, denn irdische Nationen stehen nicht mit Gott in demselben Bundesverhältnis, in welchem das alttestamentliche Israel stand. Immer wieder wird Gottes Verheißung in 2. Chronik 7,14 auf ein Land, ein Volk angewandt: „Wenn mein Volk sich demütigt, das nach meinem Namen genannt ist, dass sie beten und mein Angesicht suchen und sich von ihren bösen Wegen bekehren werden; so will ich vom Himmel hören und ihre Sünde vergeben und ihr Land heilen.“ Im Allgemeinen kann man schon sagen, dass Gerechtigkeit ein Land erhöht, aber die Völker dieser Erde können nicht als „mein Volk, das nach meinem Namen genannt ist“ bezeichnet werden. Und dass das Gesetz der Wiedervergeltung auch nicht auf das Leben des einzelnen Gläubigen angewandt werden darf, hat Jesus selber bestätigt. Als die Jünger bei einer Gelegenheit einen Blindgeborenen sahen, fragten sie sofort:: „Wer hat gesündigt?". Jesus aber erklärt, dass weder der Blinde noch seine Eltern gesündigt hatten, und dass die Blindheit nicht als Strafe für persönliche Schuld erklärt werden darf (Joh 9).

Manche Lehren der Heiligen Schrift sind im Alten Testament nur im Keim zu finden; die aufgeblühte Blume finden wir erst im Neuen Testament. Immer wieder hat man z. B. im Alten Testament nach der Lehre von der Dreieinigkeit Gottes gesucht (das Wort „Dreieinigkeit" wird übrigens nicht in der Bibel gebraucht). Man meinte, die Dreieinigkeit in dem Plural „lasset uns Menschen machen" (1Mo 1,26) zu sehen, oder in dem dreimal ‚Heilig' der Seraphim (Jes 6,3) und sonstwo. Einige sahen die Dreieinigkeit sogar im ersten Vers der Bibel, wo das hebräische Wort *bara'* (schuf) vorkommt. Dieses Zeitwort hat im hebräischen drei Konsonanten: „B" (als *ben*, d.h. Sohn), „R" (also *ruach*, d.h. Geist) und Aleph (der erste Buchstabe in *Elohim*, also Gott). Aber das ist alles aus der Luft gegriffen. Erst im Neuen Testament haben wir die Lehre von der Dreieinigkeit. Damit ist nicht gesagt, dass das Alte Testament in seiner Betonung der Einzigkeit Gottes der späteren Offenbarung widerspricht; aber die volle Offenbarung kommt später.

Auch kann man innerhalb der zwei Testamente eine progressive Offenbarung finden, und die Exegese muss das auch beachten. Wenn z.B. Jesus dem Nikodemus sagt, dass er aus Wasser und Geist geboren werden muss, wenn er ins Reich Gottes kommen will (Joh 3,5), dann darf „Wasser" nicht im Sinne von Epheser 5,26 verstanden werden, wo Paulus vom Wasserbad im Wort spricht. Man muss fragen, was könnte Wasser für Nikodemus bedeutet haben? Weil er ein Rabbiner war, wird man hier an Hesekiel 36,25 ff. denken müssen, wo Gott verspricht, mit reinem Wasser zu besprengen und einen neuen Geist zu schenken.

In der Frage des Verhältnisses des Christen zum Staat kann man z.B. nicht nur Römer 13 in Betracht ziehen, wo vom Gehorsam und der Unterordnung dem Staat gegenüber die Rede ist. Das ist eben nicht das ganze Bild. Man muss auch Offenbarung 13 beachten. Wenn der Staat tierisch wird und Gottes Kinder verfolgt und von ihnen die göttliche Verehrung des Herrschers fordert, dann müssen die Nachfolger Jesu ‚Nein' sagen, und die Folge kann Leiden um Jesu willen sein.

In der Exegese muss also die progressive Offenbarung Gottes ernst genommen werden, sonst kommen wir in große Schwierigkeiten. Dieses exegetische Prinzip stellt jedoch die Einheit der Bibel nicht in Frage. Aber das Verhältnis des Neuen Testaments zum

Alten ist durch die Jahrhunderte für die Ausleger der Bibel ein hermeneutisches Problem gewesen. Besonders problematisch ist hier die vorchristliche Ethik, der wir im Alten Testament begegnen.

12.3 Vorchristliche Ethik und progressive Offenbarung

Es gibt manche Dinge im Alten Testament, die mit der christlichen Ethik scheinbar im Widerspruch stehen, und die Frage nach der Einheit der Heiligen Schrift steigt auf. Abraham, der im Neuen Testament als Vater der Gläubigen dargestellt wird, belügt Pharao und später auch Abimelech. Der „gerechte“ Lot bietet den Männern von Sodom seine Töchter an, um seine Gäste zu schützen. Oder denken wir an die Familie Jakobs; da gab es vieles, das wir im Lichte des Neuen Testaments verurteilen müssen. Aus dem Stamme Juda kommt unser Herr, aber in 1. Mose 38 haben wir ein ganzes Kapitel über Judas schändliches Betragen der Tamar gegenüber.

Und wenn wir zum Buch der Richter kommen, scheint es fast, als ob Israel im moralischen Sumpf versinken will. Auch das Buch Esther bereitet uns Probleme. Esther pflegt ihren Leib 12 Monate lang für die eine Nacht, die sie mit dem König verbringen wird, um ihm das Versprechen abzuringen, Israel zu schonen.

Wir haben Probleme mit den Ehe- und Familienverhältnissen im Alten Testament (z.B. die Polygamie). Auch die Freiheit, sich von seiner Frau scheiden zu lassen (5Mo 24,1ff), ist problematisch. Dann der Befehl Gottes, die Einwohner Kanaans auszurotten – Frauen und Kinder eingeschlossen! Dann das viele Kriegen, oder auch die Todesstrafe für einen rebellischen Sohn!

Was machen wir mit diesen ethischen Problemen? Immer wieder hat es in der Geschichte Menschen gegeben, die sich gerade diese Verletzungen der christlichen Ethik zum Beispiel nahmen, weil sie eben in der Bibel erwähnt werden. Hans von Leiden, der in Münster versuchte, ein neues Gottesreich aufzubauen, riet Männern, mehr als eine Frau zu nehmen. (es waren so viele Männer in den Kriegen umgekommen.) Er fand in der Polygamie der Patriarchen biblischen Grund für seinen Rat. Und Luther erlaubte auf Grund des Alten Testaments dem Philipp von Hessen, zwei Frauen zu haben (die erste war ihm aufgezwungen worden und er hatte sich eine zweite genommen). Ehescheidung verurteilte Luther, aber er duldete die Bigamie.

Einerseits ist es ja erfrischend, dass die Bibel ganz realistisch ist; sie scheut sich nicht Dinge zu berichten, die eigentlich schändlich sind. Das weckt Vertrauen in die Zuverlässigkeit der biblischen Berichte. Auch kann man aus diesen Berichten erkennen, dass unser Heil allein aus Gnade zu uns kommt, nicht auf Grund menschlichen Verdienstes. Gott gebraucht unvollkommene Menschen, um seine Heilspläne auszuführen.

Christliche Leser des Alten Testaments versuchen mitunter die ethischen Probleme zu übersehen oder sogar zu vertuschen, denn vieles, was im Alten Testament berichtet wird, passt nicht in den Rahmen christlicher Ethik. In einem christlichen Blatt erschien ein Aufsatz über Abraham als Vorbild für Gottes Diener. Dass Abraham den Pharao belog, wurde als etwas Positives dargestellt („der Prediger muss schöpferisch sein"). Abraham ist unser Glaubensvater. Er vertraute auf Gott, klammerte sich an seine Verheißung, und es wurde ihm zur Gerechtigkeit gerechnet, und alle, die einen lebendigen Glauben haben, sind Abrahams Kinder. Wir können auch viel aus dem Leben Abrahams für das christliche Leben lernen, aber das bedeutet nicht, dass alles, was Abraham tat, nachgeahmt werden muss.

Es gibt ethische Probleme im Alten Testament, die uns in Verlegenheit bringen. Einmal gilt es ganz ehrlich zu bekennen, dass wir im Alten Testament recht schwere Verletzungen des göttlichen Ideals auf ethischem Gebiet haben. Der Bericht über Davids Ehebruch und Mord (Sünden, für die es keine Opfer gab) wird nicht verschönert. Wir merken schon beim Lesen dieser Geschichte, dass Davids Verbrechen Gott nicht gefiel. Dann aber wird auch seine Buße, seine Reue beschrieben, und wie David durch die Vergebung der Sünden wieder mit Gott ins Reine kommt. Viele Menschen haben schon aus der Davidsgeschichte Trost geschöpft, haben auch die Vergebung ihrer Sünden erfahren. Und trotz dieser groben Fehler schließt Gott mit David einen Bund (2Sam 7); und unser Herr ist Davids Sohn. Die Vergehungen und Fehler alttestamentlicher Glaubenshelden werden nicht als Ideale, als Beispiele emporgehoben; Sünde bleibt Sünde.

In einigen Fällen, wo Menschen in Sünde fielen, wurden sie direkt von Gott bestraft, wie es z.B. bei Gehasi geschah (2Kön 5), der Naemann belog. Übrigens weckte die Beobachtung, dass Gott nicht immer sofort strafte, für alttestamentliche Gläubige ein Problem. Weil man über das Jenseits wenig Licht hatte, meinte man, dass die Wiedervergeltung in diesem Leben eintreffen müßte.

Da gibt es aber auch Handlungen im Alten Testament, die wir heute verurteilen, die aber damals einfach zu den orientalischen Sitten gehörten. Salomos Harem spricht vielleicht mehr von der Großmacht Israels, als von seiner Unzucht. Wenn ein König damals Töchter anderer Könige in seinen Harem aufnahm, war das ein Zeichen seiner Macht und seines Ansehens. Was Salomo nicht bedacht hatte war, dass diese fremden Frauen ihre Götter mitbrachten, und dadurch wurde der Synkretismus in Israel gefördert.

Was Ehescheidung betrifft, haben wir die Erklärung Jesu, dass Mose wegen der Härte des menschlichen Herzens Scheidungen erlaubt hatte (Mk 10,5-6), von Anfang an war dieses nicht gottgewollt gewesen. Also war Ehescheidung nicht das göttliche Ideal.

Was Krieg und Blutvergießen angeht, muss zunächst darauf hingewiesen werden, dass dieses eigentlich auch nicht gottgewollt war. David durfte nicht den Tempel bauen, weil er so viel Blut vergossen hatte. Das Haus Jehus sollte bestraft werden, weil es so brutal gegen Ahabs Haus gehandelt hatte. Doch die Landeinnahme, welche auch mit Blutvergießen verbunden war, wurde von Gott befohlen. Das war „Heiliger Krieg“. Dieser Krieg war einzigartig. Denken wir nur an den Fall Jerichos. Nachdem Israel eine Nation geworden war wie andere und eine professionelle Armee hatte, gab Gott nicht mehr einen Kriegsbefehl, wie es bei der Landeinnahme der Fall war. Die Landeinnahme wird man schon als Gerichtsurteil über die Kanaaniter verstehen müssen. Das Neue Testament lehrt ja auch, dass Gott die Gottlosen richten wird, wenn auch nicht immer in diesem Leben.

Auf jeden Fall müssen die ethischen Fragen, die uns im Alten Testament entgegentreten, im Licht der progressiven Offenbarung Gottes beurteilt werden. Aber trotz all dieser Unterschiede zwischen den zwei Testamenten, gilt es an der Einheit der Bibel festzuhalten. Diese Einheit hat man versucht in recht verschiedener Weise zu erklären. Ich nenne einige dieser Versuche.

12.4 Versuche das Verhältnis zwischen den zwei Testamenten zu erklären

12.4.1 Allegorie

Die allegorische Methode der Auslegung war in den ersten Jahrhunderten des Christentums besonders in Alexandrien zu Hause. Es war eine Methode, die schon im Judentum, besonders bei Philo, benutzt wurde. In Antiochien entwickelte sich eine Methode, die den Text buchstäblicher verstand und die gegen die allegorische Auslegung arbeitete. Im langen Mittelalter wucherte die Allegorie, trotz Protest von gewissen Seiten, weiter. Luther und Calvin verwarfen die Allegorie als Auslegungsmethode, aber auch noch nach der Reformation im 16. Jahrhundert hat man immer wieder versucht, das Alte Testament allegorisch zu erklären.

Bei der Allegorie liest man einfach neutestamentliche Gedanken in den Text des Alten Testaments hinein und verchristlicht ihn. Ich erinnere hier an die phantastischen Erklärungen der Stiftshütte, bei denen nicht nur jedes Gerät und Möbelstück verchristlicht wird, sondern sogar die Arrangierung der Möbel das Kreuz darstellen. Und wo immer die rote Farbe erwähnt wird, ob es das rote Seil der Rahab oder die rote Kuh ist, soll man an das Blut Jesu Christi denken. Das Hohelied Salomos ist dann auch nicht ein Lied, das menschliche Liebe besingt, sondern es spricht von dem Liebesverhältnis zwischen Christus und seiner Gemeinde. Und die Brüste der Geliebten stellen dann Altes und Neues Testament dar, aus denen das alte und neue Volk Gottes seine Nahrung saugt. Durch die Allegorie öffnet man der Willkür die Tür. Sie trägt im eigentlichen Sinne gar nicht zur Erklärung der Einheit der Bibel bei.

12.4.2 Typologie

Hier stehen wir auf festerer Grundlage, denn Typologie wird im Neuen Testament legitimiert. Das bedeutet nun nicht, dass das ganze Alte Testament typologisch erklärt werden darf, aber dass es reich an *typoi* (Typen, Vorbilder) ist, kann man schwer verneinen.

Der Unterschied zwischen Typologie und Allegorie ist der: In der Typologie wird der grammatische Sinn des alttestamentlichen Textes ernst genommen. Man erklärt den Text im geschichtlichen Rahmen; dann aber, im Lichte des Neuen Testaments, kann man Vorbilder sehen. Alttestamentliche Personen (z.B. Melchisedek) sind Vorbilder auf Christus. Propheten (5Mo 18,15), Priester (Hebr 4,14) und Könige (Ps 2,6) deuten auch auf Christus hin.

Geschichtliche Ereignisse, wie z.B. der Auszug aus Ägypten, sind Vorbilder auf die Errettung durch Christus. Im Lichte des Neuen Testaments wird das Erheben der ehernen Schlange in der Wüste zum Vorbild auf die Erhöhung unseres Herrn (4Mo 21,9; Joh 3). Abrahams Pilgerleben, sein Wohnen in Zelten, ist ein Vorbild auf das Pilgerleben des neuen Gottesvolkes (Hebr 11). Jonas Erfahrung im Bauch des Fisches wird typologisch auf das Begraben-Werden und Auferstehen Jesu nach drei Tagen (Mt 12,40) übertragen.

Typologie ist nicht Prophetie, sondern eine Person, ein Geschehnis, eine Handlung, in der eigentlich nichts von der Zukunft gesagt wird; typologisch ist etwas, das später im Neuen Testament erwähnt wird. Typologie ist eigentlich eine theologische Auslegung des Alten Testaments von Seiten der apostolischen Schreiber des Neuen Testaments. Sie sahen im Alten Testament Vorbilder von der Geburt, dem Wirken, Sterben, Auferstehen Jesu und von der Ausgießung des Heiligen Geistes, der Mission der Gemeinde unter den Völkern und dem Tag Jesu Christi am Ende der Zeit.

Die Typologie zeugt von der Einheit der Heiligen Schrift, ja, ohne diese Einheit könnte man überhaupt nicht typologisch arbeiten. Einige Ausleger wollen Typologie auf die Vorbilder beschränken, die im Neuen Testament ausdrücklich als solche erwähnt werden. Andere dagegen beachten fast keine Grenzen und gleiten leicht in die Allegorie über. Wenn man z.B. in der Arche Noahs ein Vorbild von der Gemeinde sieht und dann noch schlussfolgert, dass, wie Noah vor dem Gericht bewahrt wurde, die Gemeinde vor der Trübsal bewahrt bleibt, dann geht man zu weit. Der Kirchenvater Cyprian lehrte auf Grund der Arche Noahs, dass nur die, die der damaligen Kirche angehörten (d.h. in der Arche), gerettet werden würden. Und im Mittelalter fiel es einigen schlauen Theologen noch ein, dass Noah reine wie auch unreine Tiere in die Arche aufgenommen hatte. Also war in der Kirche auch Raum für die Reinen und Unreinen. Das stimmte dann auch mit Jesu Worten im Gleichnis vom Unkraut und Weizen überein: „Lasset beides miteinander wachsen“ (Mt 13,30). Gemeindezucht war in dem Fall nicht nötig.

12.4.3 Die thematische Einheit

Es gibt gewisse Themen, Grundbetonungen, die sich durch die ganze Heilige Schrift ziehen und sie, trotz der großen Unterschiede zwischen Altem und Neuem Testament, verbindet. Einmal haben wir denselben Gott, der sich im alten wie im neuen Bund offenbart. Der Gott Abrahams, Isaaks und Jakobs ist auch der Gott unseres Herrn Jesus Christus. Dieser Gott hat sich in der langen Geschichte der Menschheit von Zeit zu Zeit offenbart, und die endgültige Offenbarung in Jesus Christus widerspricht nicht den früheren und vorläufigen Offenbarungen.

In beiden Testamenten leuchtet klar heraus, dass Gott diese Welt, diese gefallene Menschheit liebt und die Errettung der Menschheit auf dem Herzen trägt. Dadurch, dass er Israel erwählte und dieses Volk mit mächtiger Hand aus der Sklaverei errettete und mit Israel einen Bund schloss, bereitete er ein Volk vor, durch welches er das Licht der göttlichen Gnade unter der Völkerwelt aufleuchten lassen wollte. Die Lage des Landes, des Tempels, der heiligen Schriften, die Sendung der Propheten, sogar Gottes Gerichte, waren Offenbarungen seines Heilswillens. Dieser Heilsplan Gottes fand schließlich in Christus seinen Höhepunkt, als Gott seinen einzigen Sohn für die Menschheit dahingab, um uns zurück zu Gott zu bringen und ewiges Leben zu schenken. „Erlösung“ ist ein Generalthema, das die ganze Heilige Schrift verbindet.

Und wenn wir von Erlösung sprechen, stoßen wir damit auch sofort an ein drittes Hauptthema in der Heiligen Schrift: Gottes Volk. Das Volk Gottes im Alten Testament ist noch eine ethnische, nationale Größe, aber dabei soll es nicht bleiben. Israel soll gleichsam Empfangsstation für die Wellen der Ewigkeit sein, und soll dann in der Völkerwelt den Lichtträger darstellen. Dass Israel auf dieser Linie versagte, – das Buch Jona gibt Zeugnis von diesem Versagen –, ist klar, aber Gott will, dass alle Menschen gerettet werden sollen. Israel als Volk fällt von Gott ab, aber innerhalb dieses Volkes ist noch immer ein heiliger Überrest, ein wahres Volk Gottes. Aus diesem Volk geht dann, als die Zeit erfüllt war, der Erlöser, Gottes Lamm, das der Welt Sünde trägt, hervor. Durch seinen Tod, seine Erhöhung und die Ausgießung des Geistes wird ein Neues Volk geboren. Dieses Volk steht in Kontinuität mit dem wahren Israel des Alten Testaments; es geht gleichsam in das geistliche Erbe des alten Israel ein. Sogar alttestamentliche Bundesnamen werden auf das neue Gottesvolk übergeführt. Es heißt „auserwähltes Geschlecht“, „königliches Priestertum“, „heiliges Volk“, „Volk des Eigentums“ (1Petr 2,9). Die Gemeinde ist das „Israel Gottes“ (Gal 6,16) und heißt wie Israel: „die Zwölf Stämme“ (Jak 1,1), „Fremdlinge in der Diaspora“ (1Petr 1,1); ist die wahre „Beschneidung“ (Phil 3,3). Derselbe Gott ist von Anfang bis zum Ende der Bibel an der Arbeit, um Menschen zu erretten, und wenn die letzte Stunde schlägt, wird er „unter ihnen wohnen, und sie werden sein Volk sein“ (Offb 21,3). Also gibt es Fäden, die sich durch die ganze Heilige Schrift ziehen und das Alte mit dem Neuen Testament zu einer wunderbaren Einheit verbinden.

12.4.4 Die dramatische Einheit

Die Einheit der Bibel, die zugleich eine progressive Offenbarung darstellt, kann auch noch durch das Bild eines Dramas illustriert werden. Altes und Neues Testament sind dann als zwei Akte in dem großen Drama der Heilsgeschichte zu sehen. Zwischen diesen Akten gibt es aber eine Reihe von Szenen. Man kann die Sprache und auch den Inhalt dieser aufeinander folgenden Szenen verstehen, aber jede Szene führt uns nur ein Stück weiter in unserem Verständnis für das Ganze. Eigentlich müssen wir bis zur letzten Szene warten, denn nur dann wissen wir, wie das Drama endet.

Wenn wir das Alte Testament lesen, können wir den Inhalt begreifen; wir wenden die grammatisch-historische Methode an, wir verstehen die Wörter, die Geschichten, die Sprüche, die Poesie, die Propheten. Eine Szene folgt der andern in dem langen ersten Akt. Wenn wir uns jedoch nicht den zweiten Akt des Heilsdramas ansehen, können wir eigentlich nicht so recht wissen, wie das Drama ausgehen wird. In der Heilsgeschichte gibt es auch dunkle Stunden, weil der Mensch immer wieder einen Irrweg geht. Dann aber gibt es auch herrliche Überraschungen von Seiten Gottes. Aber Gott bringt seinen Heilsplan in Christus zur Vollendung, und von dem Höhepunkt dieser Vollendung schauen wir zurück und können jetzt eigentlich so recht verstehen was Gott von Anfang an im Sinn hatte. Jemand hat die Heilsgeschichte mit einem langen deutschen Satz verglichen, in dem wir einen Hauptsatz und viele Nebensätzen haben. Man kann die Wörter und die Satzteile verstehen, aber bevor man nicht das Verb am Ende gelesen hat, wird man den Satz doch noch nicht ganz verstanden haben.

Wenn wir also von einer progressiven Offenbarung sprechen, untergraben wir damit nicht die Einheit der Heiligen Schrift. Nur muss man klar zwischen progressiver Offenbarung und religiöser Entwicklung unterscheiden. Religionsgeschichte ist nicht dasselbe wie Heilsgeschichte. Bei der Heilsgeschichte wird betont, dass Gott die Initiative ergreift und sich in seiner Gnade den Menschen offenbart. Diese Offenbarung nennen wir progressiv, weil sie etappenweise geschieht. Und das ist nicht mit der Evolution von religiösen Ansichten zu verwechseln.

Wenn in der langen Heilsgeschichte hier und da Unstimmigkeiten zu sein scheinen, dann muss das ungefähr so verstanden werden: Wenn das Kind klein ist, verbieten die Eltern ihm strengstens mit Streichhölzern zu spielen; es ist zu gefährlich. Wenn aber das Kind erwachsen ist, mag die Mutter bei einer Gelegenheit sagen: „Nimm bitte ein Streichholz und zünde einmal die Kerze an.“ Das frühere Verbot und das spätere Gebot stehen nicht im Konflikt, denn das Kind ist nicht kein geblieben. Oder, um noch eine Illustration zu gebrauchen: Ein Maler malt ein Bild. Er beginnt mit einigen groben Strichen (d.h. das Alte Testament). Immer weiter entwickelt sich das Bild. Neue Farben kommen dazu. Wir meinen schon zu wissen, was er malt, aber dann kommen neue Striche und Farben dazu, und wir haben falsch geraten. Schließlich ist das Bild fertig. Das fertige Bild hat kaum Ähnlichkeit mit den ersten Strichen, aber es steht nicht im Widerspruch zu den ersten Strichen; die gehören auch zum Bild, aber zum unfertigen. Erst wenn das Bild ganz fertig ist, können wir sehen wie alle Striche und Farben zusammen passen.

Progressive Offenbarung bedeutet, dass Gott in seiner Gnade tief in das Leben der Menschheit hineinsteigt und Menschen da anredet, wo sie sich befinden (Abraham z.B. kam aus einem Hause, in dem man Götzen anbetete), und sie dann weiter führt. Nach und nach werden seine Heilspläne klarer, auch das Alte Testament ist Gottes Wort, aber Altes und Neues Testament sind nicht gleichförmig.

Für die Täufer im 16. Jahrhundert war Christus der Schlüssel für die Auslegung der Schrift. Die ganze Bibel war vom Geist Gottes inspiriert und war eine einheitliche Offenbarung, die sich aber von Zeit zu Zeit entfaltete, bis sie in der Person Jesu ihre Erfüllung fand. Gottes Offenbarung liegt also nicht auf einer Ebene und muss nach dem Verständnis der Anabaptisten immer im Verhältnis zur Erfüllung in Christus verstanden werden.

13

Das Alte Testament im Neuen

Das Alte Testament war die Bibel unseres Herrn und der Apostel. Sie zitieren nicht nur immer wieder die Schriften des Alten Testaments, sondern sie machten auch ständig Anspielungen auf dasselbe. Der griechische Wortschatz der neutestamentlichen Schreiber ist durch alttestamentliche Begriffe beeinflusst worden. Sogar der griechische Satzbau verrät das semitische Denken der Apostel. Jesus lehrte in seiner aramäischen Muttersprache, aber wir haben seine Reden nur in griechischer Übersetzung. Selbstverständlich leuchten in seinen Reden semitische Redewendungen durch.

In diesem Kapitel beschränken wir uns jedoch auf alttestamentliche Zitate im Neuen Testament. Jesu Kommen, sein Werk, seine Erhöhung und die Ausgießung des Heiligen Geistes gab den Schreibern des Neuen Testaments neue Perspektiven in ihrem Verständnis für das Alte Testament. In ihrer Missionsarbeit unter den Heiden müssen sie mitunter die Versuchung gehabt haben, das Alte Testament fallen zu lassen, denn die Hörer und Leser aus den Heiden waren ja mit dem Alten Testament gar nicht vertraut. Als Paulus in Athen predigte, zitierte er in seiner Rede vor dem Aeropag kein Wort aus dem Alten Testament; wenn er dagegen in der Synagoge sprach, gebrauchte er das Alte Testament reichlich. Übrigens zeigte er dann auch immer wieder, wie Gottes Heilsplan durch Christus in Erfüllung gegangen war. Und weil die Botschaft des Evangeliums im Alten Testament seine Wurzeln hat, hielten die Apostel am Alten Testament fest und zitierten es immer wieder in ihren Berichten und Reden.

Die Zitate aus dem Alten Testament stimmen manchmal fast wörtlich (in der Übersetzung) mit dem hebräischen Text, wie wir ihn heute kennen, überein. Dann aber, weil das Alte Testament bereits von alexandrinischen Juden ins Griechische übersetzt worden war und die Apostel auf griechisch schrieben, zitieren sie mit Vorliebe die sogenannte Septuaginta (LXX). Ab und zu scheint es so, als ob sie einen aramäischen Targum zitieren (ein Targum ist eine freie Wiedergabe des hebräischen Textes in aramäischer Sprache). Aber wir haben auch Zitate, die scheinbar aus keiner der eben genannten Quellen stammen. Es scheint fast, als ob die Apostel hier und da ihre eigenen Übersetzungen machten, oder einfach den Sinn der alttestamentlichen Worte in ihren eigenen Worten ausdrückten.

Man schätzt, dass etwa ein Zehntel des Neuen Testaments aus alttestamentlichem Gedankengut besteht. In einigen Ausgaben des griechischen Neuen Testaments werden Zitate und Ausdrücke aus dem Alten Testament schwarz gedruckt. Dadurch bekommt man besser ein Gefühl für den Gebrauch des Alten Testaments im Neuen. Römer, Hebräer und Offenbarung haben mehr alttestamentlichen Stoff als andere Bücher des Neuen Testaments.

Es sollen ungefähr 295 explizite Zitate aus dem Alten Testament im Neuen zu finden sein. Einige davon kommen mehr als einmal vor, aber ungefähr 278 sind verschieden. Von diesen 278 Zitaten stammen 94 aus der Torah, 99 aus den Propheten und 85 aus den Schriften (die hebräische Bibel wird in diese drei Teile unterteilt). Von den 39 Büchern des Alten Testaments in unseren Bibeln werden 8 nicht zitiert (Richter, Ruth, Hohelied, Prediger, Esther, Esra, Nehemia, Chronik; Hiob wird nur einmal zitiert, 1Kor 3,19).

13.1 Die neutestamentliche Wertschätzung des Alten Testaments

An der Art und Weise wie die Schreiber des Neuen Testaments ihre Zitate einleiten, kann man schon ihre Wertschätzung für Gottes Wort erkennen. Immer wieder heißt es: „Die Schrift sagt". „Wer an mich glaubt, wie die Schrift es sagt, von des Leibe werden Ströme des lebendigen Wassers fließen" (Joh 7,38). Die Schrift wird personifiziert; sie spricht ...

„Die Schrift hat es vorausgesehen (wieder Personifizierung), dass Gott die Heiden durch den Glauben gerecht macht, darum verkündigte sie dem Abraham (die Schrift „verkündigt"): In dir sollen alle Heiden gesegnet werden" (Gal 3,8).

Das Reden der Schrift wird auch immer wieder mit dem Reden Gottes identifiziert. „Denn die Schrift sagt zum Pharao: Eben darum habe ich (d.h. Gott) dich erweckt, dass ich (Gott) in dir meine Macht erzeige, auf dass mein Name verkündigt würde in allen Landen" (Röm 9,17). Als Gott dieses durch Moses sagte, gab es noch kein Altes Testament.

In vielen Fällen wird jedoch ausdrücklich gesagt, dass Gott geredet hat: „Der am Anfang den Menschen geschaffen hat ... sprach: Darum wird ein Mann Vater und Mutter verlassen und an seiner Frau hängen und die zwei werden ein Fleisch sein" (Mt 19,4-5). „Herr, ... der du gesagt hast: Warum toben die Heiden und die Völker nehmen sich vor, was umsonst ist“ (Apg 4,24-25). „Zu welchem Engel hat Gott je gesagt: Du bist mein Sohn, heute habe ich dich gezeugt“ (Hebr 1,5)?

In einigen Fällen wird der Name des menschlichen Schreibers, durch den Gott sprach, genannt: Mose, David, Jesaja, Jeremia, Daniel, Joel, Hosea. Mitunter wird auch noch gesagt, dass der Heilige Geist der Vermittler des Wortes Gottes war: „Der (d.h. Gott) durch den Heiligen Geist, durch den Mund unseres Vaters David, deines Knechtes, gesagt hat...“ (Apg 4,25).

Die Umstände, in denen das Neue Testament zitiert wird, sind recht verschieden. Jesus und die Apostel zitieren die Heilige Schrift mitunter in ihren Auseinandersetzungen mit ihren jüdischen Gegnern. Auch gebrauchen sie das Alte Testament in ihren Reden, ihren Predigten. Sie zitieren das Alte Testament in ihren Nöten. Jesus zitiert Psalm 24,1 am Kreuz: „Mein Gott, mein Gott, warum hast du mich verlassen?“ Sie zitieren das Alte Testament auch, um ihre Mission unter den Heiden zu legitimieren. Paulus z.B. zitiert Jesaja: „Ich bin gefunden von denen, die mich nicht gesucht haben, und ich bin erschienen denen, die nicht nach mir gefragt haben“ (Röm 10,20).

13.2 Die Freiheit der neutestamentlichen Schreiber im Gebrauch des Alten Testaments

In ihren Zitaten aus der Heiligen Schrift offenbaren Jesus und die Apostel eine geraume Freiheit. Das bedeutet aber nicht, dass wir es ihnen in diesem Stück nachmachen dürfen. Für uns ist es wichtig zu sehen, wie sie das Alte Testament zitieren. Im Licht des Kommens Jesu werden alttestamentliche Worte oft neu angewandt. Petrus sagt vor der Wahl des Matthias: „Ihr Männer und Brüder, es musste das Wort der Schrift erfüllt werden, welches zuvor gesagt hat der Heilige Geist durch den Mund Davids über Judas (David natürlich wusste nichts von Judas) ... Denn es steht geschrieben im Psalmbuch: Seine Behausung müsse wüste werden, und es sei niemand, der darin wohne, und sein Amt empfange ein anderer“ (Apg 2,6 ff).

Was der Psalmist von seinen Feinden gesagt hatte, wird hier auf Judas angewandt. Als Jesaja sagte: „Wie lieblich sind die Füße derer, die gute Botschaft verkündigen“ (52,7), bezog sich das auf die Boten, die die gute Nachricht von Israels Erlösung aus der Gefangenschaft brachten. Aber als Paulus dieses prophetische Wort zitierte, wandte er es auf die Heidenmission der Apostel an (Röm 10,15).

Weil das Denken der neutestamentlichen Schreiber mit den Heiligen Schriften Israels erfüllt war, gebrauchen sie selbstverständlich alttestamentliche Redewendungen, um sich auszudrükken. Ein Beispiel dafür ist das Buch der Offenbarung, wo Johannes u.a. den erhöhten Christus mit alttestamentlicher Sprache beschreibt (Offb 1,12-16).

Mitunter modifizieren die Apostel alttestamentliche Texte, um das auszudrücken, was sie in der neuen Situation sagen möchten. Und wenn der hebräische Text nicht gut passt, können sie die Septuaginta zitieren. Oder sie geben den Text einfach in ihren eigenen Worten wieder.

Hier und da verbinden sie sogar zwei oder mehrere alttestamentliche Texte in einem Zitat. In 2. Korinther 6,16-18 lesen wir: „Wir aber sind der Tempel des lebendigen Gottes; wie denn Gott spricht: Ich will unter ihnen wohnen und wandeln und will ihr Gott sein, und sie sollen mein Volk sein (das kommt aus 3Mo 26,11). Darum geht aus von ihnen und sondert euch ab, spricht der Herr; und rührt kein Unreines an, so will ich euch annehmen und euer Vater sein, und ihr sollt meine Söhne und Töchter sein, spricht der allmächtige Herr“ (das kommt aus Jes 52,11; Jer 31,9; 2Sam 7,14; und Hes 37,27).

Also sehen wir, wie verschieden die neutestamentlichen Schreiber den biblischen Text anwenden und wie frei sie im Gebrauch der heiligen Schriften Israels sind. Bestimmt wurden sie in dieser Beziehung auch vom Heiligen Geist geleitet.

Diese allgemeinen Beobachtungen sollen jetzt anhand von einigen ganz konkreten Beispielen illustriert werden.

13.3 Alttestamentliche Zitate im Neuen Testament

A.) „Wie geschrieben steht in den Propheten: Siehe ich sende meinen Engel vor dir her, der da bereite deinen Weg vor dir. Es ist eine Stimme eines Predigers in der Wüste: Bereitet den Weg des Herrn, Macht seine Steige richtig“ (nach der alten Lutherbibel) (Mk 1,2-3).

Markus will sein Evangelium in der Heiligen Schrift verankern und beginnt daher mit einem Zitat aus dem Alten Testament. Zunächst muss beachtet werden, dass der griechische Text heute anders klingt. Statt „in den Propheten“ haben wir „in dem Propheten Jesaja“ (so auch die revidierte Lutherbibel). Die ursprüngliche Lesart, die Jesaja nennt, wurde auf die Mehrzahl „Propheten“ geändert, weil das

Zitat in Vers 2 zum Teil aus Maleachi 3,1 und zum Teil aus 2.Mose 23,20 stammt. Erst mit Vers 3 haben wir ein Zitat aus Jesaja 40,3.

Abschreiber meinten jedenfalls, Markus habe einen Fehler gemacht und wollten ihn korrigieren, indem sie den Plural „Propheten“ schrieben. Aber diese Korrektur war nicht nötig, denn es war schon bei den Juden ‚gang und gäbe‘, dass man alttestamentliche Texte verband und sie unter dem Namen eines alttestamentlichen Schreibers zitierte. Obwohl Markus mit einem Wort aus Maleachi beginnt, kann er Jesaja als Quelle angeben, weil er kurz darauf Jesaja zitiert.

Aber Markus muss diese Zitate etwas ändern, denn er wendet sie auf eine neue Situation an. In Maleachi heißt es: „Der wird *mir* (d.h. Gott) den Weg vorbereiten, aber bei Markus heißt es: „er wird *deinen* Weg vorbereiten“ (d.h. den Weg des Messias). Und weil er vom Vorbereiten des Weges spricht, denkt er auch sofort an 2.Mose 23,20, wo Gott verspricht, Israel auf dem Wege zu behüten, und an Jesaja 40,3, wo der Weg vorbereitet werden soll, sodass Israel aus der babylonischen Gefangenschaft nach Hause kommen kann. Und beim Auszug aus Ägypten, wie auch beim Auszug aus Babylon, geht der Weg durch die Wüste, und in der Wüste bereitet Johannes den Weg für den Messias vor.

Auch in dem Zitat aus Jesaja 40,3 (Mk 1,3) nimmt Markus Veränderungen vor. Jesaja liest so: „Bereitet dem Herrn den Weg (das Wort „Herr“ bei Jesaja spricht von Gott, bei Markus von Christus), macht auf dem Gefilde eine ebene Bahn unserm Gott. Der letzte Satz lautet bei Markus so: „Macht *seine* Pfade gerade“ (d.h. die Pfade des Messias).

So wie Gott einmal Israel durch die Wüste ins gelobte Land führte, und so wie er die Gefangenen aus Babylon durch die Wüste nach Hause brachte, so beginnt die Errettung durch Christus auch in der Wüste. Nicht nur Johannes beginnt seinen Dienst in der Wüste, sondern auch Jesus geht zunächst in die Wüste, ehe er seinen Dienst beginnt. Texte, die gemeinsames Gedankengut beinhalten, werden bei Markus zusammengezogen; auch werden sie in ihrem Wortlaut etwas geändert, damit sie auf die neue Situation angewandt werden können.

B.) „Und sie wird einen Sohn gebären, des Namen sollst du Jesus heißen, denn er wird sein Volk selig machen von ihren Sünden. Das ist aber alles geschehen, auf dass erfüllt würde, was der Herr durch den Propheten gesagt hat, der da spricht: Siehe, eine Jungfrau wird schwanger sein und einen Sohn gebären, und sie werden seinen Namen Immanuel heißen, das ist verdolmetscht: Gott mit uns" (Mt 1,22-23).

Für Matthäus ist das Kommen Jesu die Erfüllung alttestamentlicher Prophetie. Etwa 14-mal gebraucht er die Formel „damit erfüllt würde". Aber er zitiert mitunter auch, ohne diese Formel zu gebrauchen. Matthäus zitiert hier Jesaja 7,14 – ein Wort, das Jesaja im 8. Jahrhundert vor Christus dem König Ahas gab, als Jerusalem von den Feinden (Israel und Syrien) bedroht wurde. Jesaja bot dem König ein Zeichen vom Herrn an, aber Ahas wollte davon nichts wissen. Als Antwort darauf sagte der Prophet dem König: „Dann wird der Herr dir ein Zeichen geben." Und was wird das Zeichen sein? „Eine Jungfrau ist schwanger und wird einen Sohn gebären, den wird sie heißen Immanuel."

Einmal ist hier zu beachten, dass Matthäus nach der Septuaginta zitiert, die das griechische *parthenos* für „Jungfrau" hat. Der hebräische Text hat das Wort *'almah*, d.h. eine junge Frau (das hebräische für „Jungfrau" ist *bethula*). Dass Matthäus (wie auch Lukas) die jungfräuliche Empfängnis des Messias lehrt, ist klar. Aber bei Jesaja stand das nicht im Mittelpunkt. Wir wissen eigentlich nicht so recht, welche Frau Jesaja im Auge hatte, als er dem Ahas versicherte, dass die Geburt eines Kindes das Zeichen sein würde, dass Gott mit Juda war.

Ein Wort also, das ursprünglich dem König Ahas in einer sehr dunklen Stunde im 8. Jahrhundert vor Christus als Trostwort gegeben wurde, wird jetzt auf eine neue Situation angewandt. Die Jungfrau Maria wird einen Sohn gebären und den werden „sie" Immanuel heißen. In Jesaja 7,14 heißt es: „Den wird sie (d.h. die Frau) Immanuel heißen" (die LXX hat: „den wirst du Immanuel heissen"), aber Matthäus ändert das auf die Mehrzahl: „Den werden sie Immanuel heißen". Das „sie" bezieht sich mit Sicherheit auf das Volk, das er von den Sünden erretten wird. Jesus heißt ja sonst nirgends Immanuel mit Namen, aber seine Berufung als Retter der Menschheit war schlagender Beweis dafür, dass Gott mit seinem Volk war. Vor hunderten von Jahren war er mit Juda, als er das Volk von den angreifenden Feinden zu erretten versprach; jetzt ist er mit uns, indem er uns von den Sünden errettet.

Wenn es nun heißt, dass Jesu Geburt und sein Werk die Erfüllung von Jesaja 7,14 ist, dann muss das in einem tieferen Sinne verstanden werden. Durch die Anwendung eines alttestamentlichen Textes auf eine neue Situation gewinnt dieses prophetische Wort einen tieferen volleren Sinn.

C.) „Und dazu stimmen der Propheten Reden, wie geschrieben steht. Danach will ich mich wieder zu ihnen wenden und will wieder bauen die Hütte Davids, die zerfallen ist, und ihre Trümmer will ich wieder bauen und will sie aufrichten, auf dass, was übrig ist von Menschen, nach dem Herrn frage, dazu alle Heiden, über welche mein Name genannt ist, spricht der Herr, der solches kundtut von alters her“ (Apg 15,16-18).

Vertreter aus Antiochien zusammen mit der Gemeinde zu Jerusalem besprechen die Frage, ob Männer aus den Heiden, die Christus im Glauben annehmen, sich beschneiden lassen müssen, um rechtmäßige Mitglieder in der Gemeinde Jesu Christi zu sein. Petrus hat bereits seinen Standpunkt klar gemacht. Seine Erfahrung in der Heidenmission hatte ihn eines anderen belehrt. Darauf ergreift Jakobus das Wort. Er wird biblischen Grund dafür angeben, dass die Beschneidung von den Gläubigen aus den Heiden nicht gefordert werden darf.

Jakobus beruft sich auf Amos 9,11-12, wo von dem Wiederaufbau der Hütte Davids, welche verfallen war, die Rede ist. Der hebräische Text hat einen ganz anderen Schluss als die Septuaginta ihn hat. Im Hebräischen heißt es: „..., auf dass sie besitzen die übrigen zu Edom und alle Heiden, über welche mein Name genannt ist, spricht der Herr, der solches tut“ (V. 12).

Jakobus aber zitiert die Septuaginta, in der es heißt: „Danach will ich mich wieder zu ihnen wenden und will wieder bauen die Hütte Davids, die zerfallen ist, und ihre Trümmer will ich wieder bauen und will sie aufrichten, auf dass was übrig ist von Menschen nach dem Herrn frage, dazu alle Heiden, über welche mein Name genannt ist, spricht der Herr, der solche kundtut von alters her.“

Ob Jakobus griechisch gesprochen hat, wissen wir nicht, aber er zitiert das prophetische Wort nach der griechischen Übersetzung des Alten Testaments. Gesetzt den Fall, dass er auf aramäisch gesprochen hat, dann mag Lukas dieses Schriftwort einfach aus der LXX übergeführt haben. Der hebräische Text wäre hier auch nicht so recht passend gewesen. Der spricht davon, dass Israel eines Tages „die Übrigen zu Edom und alle Heiden“ besitzen soll. Aber die LXX lautet: „... auf dass was übrig ist von Menschen, nach dem Herrn frage, dazu alle Heiden“. Jakobus verstand den Wiederaufbau der Hütte Davids nicht als Wiederherstellung des Volkes Israel zu einer politischen Größe, sondern als Hoffnung auf die Gründung der Gemeinde, in welcher beide, Juden und Heiden, zusammen Gottes Volk bilden würden.

Warum die LXX das Wort „Edom“ auf „Adam“ verschoben hatte, wissen wir nicht. Hatten die Übersetzer eine Vorlage, in welcher „Adam“ stand? Dass Edom und Adam leicht verwechselt wurden, liegt darin, dass der hebräische Text früher nur die Konsonanten schrieb, und die Konsonanten von Edom und Adam sind dieselben im Hebräischen. Schwieriger ist das Verschieben der Verben: Die LXX hat „suchen“, der hebräische Text hat „besitzen“.

Wie immer man auch die Unterschiede zwischen LXX und dem hebräischen Text erklärt, eines bleibt stehen: Jakobus sieht in der Aufnahme der Heidenchristen, ohne sie zuerst zu Juden zu machen, die Erfüllung der Verheißung des Propheten vom Wiederaufbau der zerfallenen Hütte Davids. Durch dieses Zitat aus Amos 9 wollte Jakobus zeigen, dass die Heidenmission nicht ein Nachgedanke Gottes war, oder dass Petrus und Paulus, als sie zu den Heiden gingen, etwas völlig Neues getan hatten. Zum Schluß (V. 17) zitiert Jakobus noch einen Satz aus Jesaja 45,21, „... der solches kundtut von alters her“. Gott hatte also von Anfang an die Heiden in seinem Heilsplan eingeschlossen. Das wollte Jakobus mit dem Zitat aus dem Alten Testament beweisen.

D.) „Darum heißt es: Er ist aufgefahren in die Höhe und hat das Gefängnis gefangen geführt und hat den Menschen Gaben gegeben“ (Eph 4,8).

Paulus zitiert hier ein Psalmwort, um zu unterstreichen, dass Christus nach seinem Sieg über alle bösen Mächte hoch erhöht worden ist und jetzt als Sieger seinen treuen Nachfolgern Gaben austeilt. Er leitet das Zitat aus Psalm 69,19 mit der Formel „es heißt“ ein. *Legei* könnte auch mit „er sagt“ übersetzt werden. In dem Fall ist Gott oder der Psalmist David der Redner. „Es sagt“ könnte womöglich auch auf den Heiligen Geist bezogen werden. Geist ist im Griechischen sächlichen Geschlechts. Am Besten ist es jedoch, wenn wir hier eine Personifizierung der Schrift sehen: „Sie sagt“.

Wenn wir nun fragen: Was sagt sie? Dann merken wir sofort, dass Paulus weder nach dem hebräischen Text noch nach der Septuaginta zitiert. Der hebräische Text lautet so: „Du bist in die Höhe gefahren und hast das Gefängnis gefangen; du hast Gaben empfangen für die Menschen, auch die Abtrünnigen, auf dass Gott der Herr daselbst wohne“. Die LXX hat: „Hinauffahrend in die Höhe hast du das Gefängnis gefangen, du hast Gaben unter Menschen empfangen ...“ Nun haben wir aber einen aramäischen Targum, der mehr oder weniger den Wortlaut hat, den wir bei Paulus in Epheser 4,8 finden. Es gab eine rabbinische Erklärung dieses Psalmwortes, in der Mose in die Höhe gefahren war und jetzt den Menschen das Gesetz als Gabe austeilt. Pfingsten war im Judentum zur Zeit der Apostel die Gedenkfeier an die Gesetzgebung am Sinai. Paulus mag an diese jüdische Tradition gedacht haben, als er an die Epheser schrieb. Er dachte selbstverständlich an den erhöhten Christus, der am Pfingsttage seinen Geist ausgoss, und durch diesen Geist werden dem neuen Gottesvolk Gaben ausgeteilt.

Andererseits mag Paulus einfach das Bild von der siegreichen Rückkehr des Königs Israels im Auge gehabt haben, der, nachdem er seine Feinde überwunden hat, mit viel Beute nach Hause kommt und seinen Trabanten an diesen Gaben teilhaben läßt. Paulus war ja nicht gezwungen, den Psalm nach dem Urtext wörtlich wiederzugeben; auch mußte er nicht unbedingt die LXX zitieren, was er sonst mit Vorliebe tat. Er nimmt einfach die Bildersprache aus dem Psalm, verschiebt das Bild etwas, und wendet es neu auf diese Situation an. Christus war gen Himmel gefahren, und durch seinen Geist teilt er jetzt Gaben an seine Kinder aus.

Diese Beispiele aus den Evangelien, der Apostelgeschichte und dem Epheserbrief sollen hier einfach als Illustrationen erscheinen, um zu zeigen, wie die Schreiber der neutestamentlichen Bücher alttestamentliche Texte verwendeten, um die Botschaft des Evangeliums zu verkündigen und die Gemeinden in den göttlichen Heilsplan einzuführen.

Wir haben uns in diesem Kapitel auf Zitate aus dem Alten Testament beschränkt. Dabei dürfen wir aber nicht vergessen, dass die Schreiber des Neuen Testaments noch auf anderen Wegen das Alte Testament verwenden. Besonders in der Apostelgeschichte, in der Lukas uns recht viele Reden der Apostel wiedergibt, sehen wir, wie die Boten des Evangeliums die Heilsgeschichte durchschreiten und Gottes Wege mit seinem Volk zusammenfassen. Sie fangen in der Regel bei den Patriarchen an und schließen mit dem Kommen Jesu und seinem vollbrachten Werk (siehe z.B. Apg 13,16-41). Aber sogar in den Briefen wird Israels Geschichte zusammengefasst (siehe z.B. 1Kor 10,1-13).

Auch wenn die Apostel nicht direkt das Alte Testament zitieren oder Israels Geschichte zusammenfassen, finden wir überall im Neuen Testament Hinweise auf das Alte Testament. Immer wieder z.B. wird die Schöpfung erwähnt (1Kor 11,7-10), der Sündenfall (Röm 5,12-19), die Sintflut (1Petr 3,20; 2Petr 3,6), die Berufung Abrahams (Hebr 11,8), der Auszug aus Ägypten (1Kor 10,1-3) und viele andere Geschehnisse im Leben Israels. Mitunter machen die Schreiber des Neuen Testaments Anspielungen auf das Alte Testament, die gar nicht immer an der Oberfläche liegen. Die Begegnung Jesu mit der Samariterin am Jakobsbrunnen, bei der er ihr lebendiges Wasser anbot (Joh 4,1-42), erinnert z.B. an die vielen Gottesoffenbarungen in der Geschichte Israels, die an Brunnen stattfanden. Ohne die Kenntnis des Alten Testaments kann man das Neue Testament unmöglich verstehen.

Weitere im Puls-Verlag erschienene Titel:

David Ewert: Ist das Heil verlierbar?

Die Frage nach der Verlierbarkeit des Heils bewegt immer wieder die christliche Gemeinde. Kann ein Christ verloren gehen, oder ist er auf jeden Fall gerettet, selbst dann, wenn er auf Abwege gerät? David Ewert bemüht sich, auf der Grundlage des neutestamentlichen Zeugnisses eine biblisch fundierte Antwort zu geben, die seelsorgerliche Aspekte nicht unberücksichtigt lässt.

64 Seiten; DM 9,90; ISBN 3-933398-00-2

David Ewert: Der Heilige Geist – sein Wesen und Wirken

Ohne den Heiligen Geist läuft nichts im Leben eines Christen. Er schenkt Glauben, bewirkt die Wiedergeburt, gibt Bibelverständnis, teilt Gaben aus und wirkt Frucht. Was wären wir ohne den Tröster, den Beistand, den Jesus allen verheißen hat, die an ihn glauben? David Ewert entfaltet im vorliegenden Buch Wesen und Werk des Heiligen Geistes. Er ermutigt dazu, mit dem Wirken des Geistes vermehrt zu rechnen.

128 Seiten; DM 16,90; ISBN 3-933398-02-9

Friedhelm Jung: Frauenordination – Spaltpilz der Christenheit?

Die Rolle der Frau in der christlichen Gemeinde ist höchst umstritten. Während sie in manchen Kirchen als Pastorin oder Bischöfin agiert, ist sie in anderen zum völligen Schweigen verurteilt. Wie sehen die biblischen Linien zur Stellung der Frau aus? Der Verfasser bemüht sich nachzuweisen, dass der christlichen Frau auch abseits des gemeindeleitenden Amtes ein weites Betätigungsfeld in der Gemeinde gegeben ist.

64 Seiten; DM 6,90; ISBN 3-933398-01-0

Günter Wieske: Gemeindepädagogik für die Praxis

Ein sehr hilfreiches Buch, weil es einen gut verständlichen Mittelweg zwischen Theorie und Praxis findet. Was hier über die lernende Gemeinde zusammengetragen ist, bietet für Pastoren, Gemeindeleitungen und Mitarbeiter/innen in Gruppen in jedem der zehn Kapitel übertragbare Anregungen.

Ein sehr hilfreiches Buch – für die Erweiterung des Horizonts, aber mehr noch für das Planen und zum kreativen Umsetzen in einer geistigen Umbruchsituation, in der nur die lernende Gemeinde von der Kraft des Evangeliums überzeugen wird.

192 Seiten; DM 19,80; ISBN 3-933398-04-5